| 개정판 |

유아 동작교육의 이해

| 개정판 |

유아 동작교육의 이해

김성재 지음

이담 Books

책머리에

이 책은 『발달적 게임과 교육체조를 통합한 유아동작교육활동의 적용효과』라는 박사학위논문을 한 권의 책으로 수정·보완하여 엮은 것으로, 유아기 신체운동발달에 적합하게 게임과 체조를 통합한 동작교육활동을 구성하여 그 효과를 검증해 본 것이다.

신체표현활동 중심의 동작교육활동 범주를 넓혀 유치원 생활주제와 통합하고, 대·소도구를 활용한 발달적 게임과 교육체조 중심의 활동을 유아들이 즐김으로써, 조금이나마 유아들이 '맑고 밝게 건강하게' 성장하기를 바라는 마음에서 두려움과 부끄러움을 무릅쓰고 출판을 결심하게 되었다.

무용가인 루돌프 라반에 의해 시작된 Movement Education은 현재 체육학자들과 초등교육과정에서는 움직임교육으로, 유아교육학자들과 유아교육과정에서는 동작교육으로 그 언표를 달리하며 전개되고 있다. 유아의 전인적 발달을 위한 새로운 신체활동 지도방법이라는 존재론적 인식은 공유하고 있기에, 본 책에서는 문맥에 따라 동작교육 혹은 움직임교육을 함께 소통시키도록 할 것이다.

이 책은 모두 5장으로 구성되어 있다. I장은 '서론'으로 본 연구의 필요성과 목적, 용어의 정의 등을 소개하였다. II장은 '이론적 배경' 부분으로 동작교육의 개념과 역사, 교육적 가치, 발달적 게임과 교육체조 중심으로 교육내용을 담았다. III장은 '발달적 게임과 교육체조를 통합한 유아동작교육활동 구성'과 관련하여 개념, 구성원리, 목적 및 목표, 교육내용, 교수·학습방법 및 교사의 역할, 평가 등을 제시하였다. Ⅳ장은 '발달적 게임과 교육체조를 통합한 유아동작교육활동 적용'으로 활동 전개방법, 활동 계획안, 교육내용, 교수·학습방법 등을 소개하였다. Ⅴ장은 본 연구를 요약하고 앞으로 유아동작교육활동을 실시함에 있어 나아가야 할 방향에 대한 제언을 담았다. 발달적 게임과 교육체조를 통합한 유아동작교육활동의 효과 검증에 있어 실험설계방법이나 연구 절차, 자료처리 및 분석, 결과에 따른 논의 등은 본 책의 구성에서 제외되었다. 부록에는 34개의 실제 활동계획안이 사진과 함께 상세하게 설명되어 있어 현장에서 적용 가능하도록 하였다.

끝으로 부록에 실려있는 '별밤의 피아니스트' 요가체조와 '휘파람 불며' 체조, 제자리에서 움직이기(안정동작)와 이동하며 움직이기(이동동작) 중심의 기술을 리듬악기와 함께 배워보는 장면, 2인 1조 짝스킨쉽 체조활동의 실제 동영상자료를 볼 수 있게 링크 사이트를 소개하고자 한다. 참고로 본 동영상은 2008년 동국대학교 부속 유치원에서 실시되었던 교사연수 중의 한 장면이었음을 밝혀둔다. 본 영상을 통해 걷기(walking), 달리기(running), 한발 뛰기(hopping), 두발 뛰기(jumping), 말뛰기(galloping), 두발 번갈아 뛰기(skipping), 미끄러지기(sliding), 뛰어넘기(leaping), 기기(creeping), 기어가기(crawling) 등의 동작을 명확히 알고

할 수 있는 계기가 될 것이다(동영상 링크 : http://club.cyworld.com/ClubV1/
Home.cy/52324972 - 왼쪽 상단 '전체 글 보기' 클릭 - 하단 글 제목 검색
란에 '유아동작교육교재 동영상' 적기 - 유아동작교육교재 동영상 클
릭 후 보기).

교육부(1999)와 문화관광부(2003)의 조사에 의하면, 현재 우리나라
의 가정은 아파트 중심의 주거환경, 놀이 공간의 감소, 핵가족화에 따
른 형제 및 또래의 감소, 조기 학원교육의 증가, 불균형한 식생활로 인
한 비만아의 증가, 컴퓨터 오락이나 게임기를 통한 실내 활동의 증가
등으로 인하여 신체활동의 기회가 감소하고 있는 것으로 보고되고 있
다. 또래와 자유롭게 뛰어 놀며 다양한 사회적 경험을 체험할 수 있었
던 '골목길 놀이문화'가 사라져가는 현상 또한 간과할 수 없다.

유아교육기관에서의 신체활동에 대한 실태파악을 통해서도 알 수
있듯이, 대부분의 교사들은 신체활동의 필요성은 인지하고 있으나 활
동공간의 부족, 자료의 부족, 교사자신의 전문적 지식의 결여, 현장적
용이 용이한 신체활동 활동의 부족과 지도방법상의 어려움으로 인해
외부강사에 의존하고 있는 상태이다. 특히 교사들은 교육과정 내용에
대한 지식의 부족으로 인해 가장 큰 어려움을 겪고 있는 것으로 보고
되고 있다. 즉 현실적으로 현대 생활문명과 문화의 변화로 인해 유아
체 활동의 중요성에 대한 인식은 증대되고 있으나, 교사들은 효과적

으로 이에 대처하지 못하고 있는 실정인 것이다.

유아의 운동패턴의 발달은 자유놀이 경험보다는 수업시간에 이루어지는 교사의 적절한 교수방법과 계획에 의해 유아가 체계적으로 신체활동을 경험해 봄으로써 발달된다. 이에, 본 책에 실린 발달적 게임과 교육체조를 통합한 유아동작교육활동을 구성하고 적용한 사례가 유아의 전인발달 형성에 다소나마 도움이 되기를 소망해 본다.

이 책이 유아동작교육활동을 이해하는 데 도움이 되어서 현장 유아교사들이 유아들과 함께 즐겁고 신명나게 신체활동을 하는 데 티끌이나마 보탬이 되기를 바라며, 아이를 사랑하고 유아신체활동을 소중히 여기는 모든 이들의 관심과 비판을 부탁드린다.

끝으로 이 책의 근간이 되는 박사학위 논문이 나올 수 있도록 지도를 아끼지 않으셨던 이원영 교수님, 곽노의 교수님, 이병래 교수님, 김은심 교수님, 이대균 교수님께 진심으로 감사의 말씀을 전한다.

2011년 겨울을 지나며
저자 김성재

Contents

PART 3   **발달적 게임과 교육체조를 통합한 유아동작교육활동 구성**

PART 1

서론

I. 연구의 필요성 및 목적

유아는 '몸 움직임'을 통해 사물을 인식하고 개념을 형성해나가는 존재이기 때문에 유아기 '동작 교육'에 대한 이해는 유아교육에서 중요하다. 이러한 동작교육의 개념에 대해서는 학자들마다 다양한 주장들을 제기하고 있다. 첫째, 전체적인 체육활동의 한 단원으로만 보는 관점 둘째, 체육활동 지도방법의 새로운 형태로 보는 관점 셋째, 체육과 동의어로 보는 관점으로 나눌 수 있다(김대진, 1982). 그러나 최근에는 유아동작교육의 새로운 비전을 제시해 주는 신체육적 지도방법이라는 견해가 지배적이다(Foster, 1977).

동작교육의 특징은 수업지도방법에 따라 달라지지만 유아대상 동작교육은 교사주도의 시범과 설명으로 수업이 진행되는 전통적인 체육수업 방식과 달리 '문제해결방법, 유도발견방법, 동작탐색' 등 탐구중심의 방법을 강조하고 있으며 유아들의 독립심과 문제해결능력 발달에 초점을 두고 있다. 또한 동작이 가지는 심미적 의미와 개인적 의미를 찾아내는 것을 강조하고 경쟁보다는 협동을 보다 중요시한다 (최의창, 2002).

동작교육은 루돌프 라반(Rudolph Laban)이 1926년 체조와 무용(Gymnastik and Tang)이란 책에서 밝혔던 것처럼, 자신의 신체 한 부분이 닿을 수 있는 개인적 공간이 필요하다. 라반은 초기에 기구 사용을 반대하였으나, 후에 미국과 독일에서 오르기, 뛰기, 돌기와 같은 운동을 할 때 기구를 도입하기 시작하여 현재는 동작교육활동에서 기구운동이 적극 장려되고 있다(김종언, 1993).

요컨대, 동작교육은 개념의 인식, 움직임의 탐구, 여러 기구의 사용, 교사와 유아의 상호주도적인 교수방법, 자율성과 창의성 등을 중요시하는 신체교육의 새로운 지도방법론이라 하겠다.

라반이 최초로 정립하여 체계화한 동작 교육은 오늘날 초등학교 체육과 유아신체활동 영역에서 가장 큰 영향을 미치고 있다. 유아신체활동 영역에서 추구하는 가치는 제6차 유치원교육과정의 '건강생활영역'과 '표현생활영역'에서 그 목표와 내용을 구체적으로 제시하고 있으며, 이와 관련한 가치를 추구하기 위한 선행연구들이 이루어지고 있다.

기본운동능력(fundamental movement ability)발달을 위해서는 신체활동이 효과적임을 밝힌 연구가 있다(김은정, 2003; 백행순, 2002; 윤은영, 2005; 이만수, 2006; 임성혜, 2005; Matronia, 1982). 겔라후와 도넬리(2003)에 의하면, 기본운동 중 일부 이동운동(locomotor movement)은 발달단계 중 초기단계(initial stage)나 기초단계(elementary stage)에서 유전적인 영향에 의해 나타날 수 있으나, 전반적인 기본운동능력은 연습과 자극, 지도 등 환경적 요인이 주어지지 않는다면 성숙단계(mature stage)로 발달하지 못한다(Gallahue & Donnelly, 2003). 즉 기본운동이 성숙단계로 접어들 수 있도록 다양한 교육경험이 지속적으로 제공되어야 하는 것이다.

유아기는 지각운동(perceptual motor)능력이 발달하는 결정적 시기이다. 지각운동은 자극에 대한 분별과 선택, 과거경험에서 얻은 자극의 총합, 자극에 대한 반응으로의 의도적인 동작, 반응에 대한 내적 비교의 과정을 내포하는 개념적 용어이며(Fleming, 1972), 운동수행이 신체동작과 동작 공간의 지각을 동반하기 때문에 운동학습 및 발달 연구자들에 의해 지각운동으로 지칭되고 있다(Cratty, 1979; Frostig & Maslow, 1970; Kephart, 1971; Williams, 1983).

콜러맨(Coleman, 1972)에 의하면, 지각운동은 단순한 운동기능보다 다양한 신체운동 경험을 통한 기초 학습 개념과 신경정보의 통합, 그리고 운동조절 기회를 제공하기 때문에 TV 등 전자매체에 의해 일방적 통로로 정보를 받아들이는 시간이 많은 요즈음의 유아들에게 더욱 필요한 발달 및 학습 분야로 인식되고 있다(박대근, 2004, 재인용). 또한, 지각기능은 후천적으로 발달하므로 학습에 의해 강화될 수 있으며 적절한 신체활동이 지각능력을 확장시키는 데 매우 효과적임이 밝혀지고 있다(김성재, 2006; 이영심, 1997; Mayesky, 1995; Riston, 1986; Spodek, 1985).

이 외에, 신체활동과 기초체력(physical fitness)과의 관계를 밝힌 연구(곽창옥, 1993; 김명주, 2006; 안을섭, 2004, 2005; 유덕순, 2006; Hurlock, 1972)도 있다. 인과관계가 문제시 되지만 지각운동능력의 발달이 유연성, 평형성과 같은 기초체력요인과도 밀접한 관계가 있다고 보고되고 있다(윤정숙, 1995; 최혜라, 1991).

문화체육부(1995)와 한국교육개발원(1996)에서 실시한 유아의 체육놀이 활동에 관한 연구에 의하면, 유아체육교육은 주로 체력부분을 다루고 있다. 제6차 유치원교육과정의 '건강생활영역'의 목표에서도 유아기의 기초체력 향상을 주요항목으로 다루고 있다. 생활방식과 환경의 변화로 인해 오늘날 아동의 체격은 과거에 비해 좋아졌으나, 체력은 저하되고 있는 실정이다(김송화, 1995; 문화체육부, 1995). 이에 대근육 운동이 요구되는 신체활동의 지속적인 구성과 보급이 필요하다. 유아 신체활동은 건강한 정신을 기르는 데도 중요한 역할을 담당한다. 즉 정신건강 중의 하나인 신체적 자아개념이 긍정적으로 변화되기 때문이다(이희태, 엄성호, 조대용, 2004).

신체적 자아개념은 자아개념의 한 요소로써 자신의 신체에 대한 개인적인 지각에 의해 인지된다(Cratty, 1979; Williams, 1983). 대부분의 연구에서 운동참여가 신체적 자아개념에 긍정적인 영향을 주는 것으로 밝혀지고 있다(김영국, 2006; 윤은영, 2005; 황순각, 2000; Craft & Mccall, 2000; Marsh, 1997; Marsh & Peart, 1988; Sonstroem & Morgan, 1984; Ulrich, 1987). 또한 신체적 자아개념의 향상은 총체적 자아개념의 변화로 이어지는 연결고리가 되므로(하충곤, 이강헌, 2002) 유아기에 규칙적인 신체활동을 하여 운동능력을 발달시키는 것은 중요하다.

이러한 연구결과들이 학문적 세계에서 도출된다는 것은 그만큼 유아신체활동이 필요하다는 이유를 반증하는 사례가 될 것이다. 그러나 유아에게 규칙적인 신체활동의 기회를 현실적으로 제공하지 못하는 실정이다. 교육부(1999)와 문화관광부(2003)의 조사에 의하면, 현재 우리나라의 가정은 아파트 중심의 주거환경, 놀이 공간의 감소, 핵가족화에 따른 형제 및 또래의 감소, 조기 학원교육의 증가, 불균형한 식생활로 인한 비만아의 증가, 컴퓨터 오락이나 게임기를 통한 실내 활동의 증가 등으로 인하여 신체활동의 기회가 감소하고 있는 것으로 보고되고 있다. 또래와 자유롭게 뛰어 놀며 다양한 사회적 경험을 체험할 수 있었던 '골목길 놀이문화'가 사라져가는 현상 또한 간과할 수 없다.

유아교육기관에서의 신체활동에 대한 실태파악을 통해서도 알 수 있듯이, 대부분의 교사들은 신체활동의 필요성은 인지하고 있으나 활동공간의 부족, 자료의 부족, 교사자신의 전문적 지식의 결여, 현상적용이 용이한 신체활동의 부족과 지도방법상의 어려움으로 인해 외부강사에 의존하고 있는 상태이다(김용미, 김미경, 2004; 박효찬, 1999; 오광섭, 2001; 한민옥, 2004). 특히 교사들은 교육과정 내용에 대한 지식의 부족으로 인해 가장 큰 어려움을 겪고 있는 것으로 나타났다(김은심, 최혜진, 2005; 김혜리, 1998; 이만수, 2001). 즉 현실적으로 현대 생활문명과 문화의 변화로 인해 유아 신체활동의 중요성에 대한 인식은 증대되고 있으나, 교사들은 효과적으로 이에 대처하지 못하고 있는 실정인 것이다.

유아의 운동패턴의 발달은 자유놀이 경험보다는 수업시간에 이루어지는 교사의 적절한 교수방법과 계획에 의해 유아가 체계적으로 신체활동을 경험해 봄으로써 발달된다는 연구결과(Graham, Holt－hale & Parker, 1993; Kelly, Dagger & Walkley, 1989; Seefeldt, 1982)에 따라 유아를 위한 동작교육활동들이 지속적으로 구성되고 있으나 몇 가지 한계점이 보인다.

첫째, 동작교육의 내용은 이동운동, 안정운동, 조작운동 등의 기본 운동기술과 동작의 기본요소인식, 즉 지각운동요소의 기초영역과 신체표현, 게임, 체조 등의 응용영역으로 나누어진다(Gabbard, 1988; Gallahue, 1993; Graham, Holt－Hale & Parker, 1993). 응용영역은 동작의 기본요소와 기본운동에 대한 다양한 경험을 바탕으로 하여 이루어질 때 다양하게 되고(김은심, 1995) 보다 그 움직임이 풍부해진다. 따라서 동작교육의 교육내용은 기본운동과 지각운동을 중심으로 하는 기초영역활동과 신체표현, 게임, 체조 등의 응용영역활동 간의 통합으로 구성되어야 운동능력발달이나 창의적인 신체표현능력 측면에서 그 효과를 기대할 수 있다.

선행연구 검토결과, 기초영역과 응용영역을 통합한 연구들이 부족한 형편이었다(박승순, 2004; 박청심, 2001; 이지은, 2003; 최경순, 1997; 홍덕주, 2005). 주로 신체표현활동 중심의 응용영역활동과의 통합이 주를 이루며(김길숙, 1999; 김옥미, 2006; 백행순, 2002; 정세호, 2002) 게임활동과 체조활동 중심 응용영역활동 간의 통합은 찾아보기 힘들었다.

젤라후와 도넬리(2003)는 유아기에 적합한 게임과 체조를 발달적 게임(developmental games)과 교육체조(educational gymnastics)라고 명명하고 체력이나 감각운동기술, 다양한 동작을 향상시킬 수 있는 도구로 보았다.

발달적 게임은 경쟁적인 상황을 배제한 협동·협력적 놀이형식과 문제해결식으로 활동이 이루어지는 것을 의미하며, 교육체조란 전통적으로 직접적인 교수법을 통해 이미 제정된 기준에 따라 체조 기술을 완벽하게 구사하는 것을 강조하는 올림픽-스타일의 체조(olympic-style gymnastics)와 구분되는 것으로, 소도구(후프, 공, 줄, 막대기, 리본 등)와 대도구(의자, 매트, 평균대, 사다리 등)를 유아나 아동의 신체 특성에 맞게 수정하여 사용한다.

기구를 사용할 경우 유아는 공간, 시간, 방향, 무게 등과 같은 개념을 자신의 몸으로 더 잘 느끼고 지각하게 된다. 이러한 기구운동의 효과에도 불구하고 기구를 활용한 활동이 유아의 발달에 영향을 준다는 연구는 부족한 실정이다. 이만수(2001, 2006)가 지적하였듯이, 대·소도구를 활용한 신체활동이 동작교육에서 많은 부분을 차지하면서도 연구가 미흡하다는 것은 문제점으로 남아있다.

둘째, 동작교육활동 구성의 한계점은, 대·소도구를 활용하더라도 (이현균, 2003; 홍덕주, 2005) 유치원 생활주제와 통합되어 구성되지 않고 있다는 것이다. 유아들은 분리된 내용영역보다 통합된 전체 경험(whole experience)으로서 활동이 제시될 때 더 잘 배운다는 크로우(Krough, 1990)의 연구결과를 고려한다면, 유아들의 생활경험인 생활주제와 연결하는 것이 교육적 효과가 더 높음(김은심, 1995; 이만수, 2006)을 인식할 필요가 있다.

이원영, 이태영, 정혜원, 이경민(2003)이 제시하였듯이, 유아교육에서의 통합교육이란 활동내용을 단편적으로 분리하여 교수하는 것이 아니라 통합적으로 하여 유아 자신이 경험을 재구성할 수 있도록 하는 것이다. 따라서 동작교육활동 또한 생활주제와 통합되도록 구성하여 유아의 전인 발달이 이루어지도록 해야 할 것이다.

셋째, 생활주제와 통합된 활동이 구성된 경우에도 실험처치 실시기간으로 인해 특정 기간의 생활주제와의 통합(백행순, 2002; 이만수, 2006; 임성혜, 2005; 황순각, 2000)에 그치고 있는 점이다. 단기간의 실험처치로 인해 같은 측정도구를 사용하더라도 사후검증에서 그 결과가 다르게 보고되고 있었다.

황순각(2000)의 연구결과에 의하면, 10주간의 실험처치 후, 실험집단과 비교집단 간에 신체적 자아개념 중 외모, 건강에서 유의한 차이를 보였다. 주정호(2004)의 연구에서는 12주간 신체활동을 실시한 결과 실험집단 유아의 체력, 건강이 긍정적으로 향상되었다. 윤은영(2005)은 10주간의 유아신체활동을 개발, 실험집단에 처치한 결과, 외모를 제외한 유능감, 체력, 건강에서 긍정적인 영향이 있었던 것으로 보고하였다. 이처럼 서로 다른 결과를 나타내는 것은 선행연구자들이 제시하였듯이, 단기간의 실험처치로 인한 결과로 보인다.

따라서 유아동작교육활동은 동작의 기초영역과 대·소도구를 활용한 게임 및 체조 중심의 응용영역을 통합하고, 유치원의 연간생활주제와도 통합한 활동이 구성될 필요가 있다.

이에, 본 연구에서는 유치원의 연간 생활주제와 통합된 대·소도구 활용 발달적 게임과 교육체조 중심의 유아동작교육활동을 구성하여 유아들을 대상으로 실시한 후 유아의 기본운동능력, 지각운동능력, 기초체력, 신체적 자아개념이 향상되는지를 알아보는 것을 목적으로 한다.

Ⅱ. 용어의 정의

1. 발달적 게임(developmental games)

게임은 일정한 활동영역에서 규칙을 준수하며 한 명 또는 그 이상의 유아가 협동·협력하며 놀이하는 것 또는 경쟁적인 놀이상황에 몰입하는 활동이다(Allison & Barrett, 2000). 본 연구에서 발달적 게임은 경쟁적인 상황을 배제한 협동 및 협력하는 놀이형식과 문제해결식의 활동을 의미한다. 즉 발달적 게임이란 유아의 기본운동능력, 지각운동능력, 기초체력, 신체적 자아개념 향상을 목적으로 단순한 규칙적용과 유아발달에 적합한 대·소도구를 활용한 게임활동이다.

발달적 게임단계는 낮은 수준의 게임(low-level games) Ⅰ단계부터 협력게임(cooperative games)의 Ⅱ단계, 리드-업 게임(lead-up games)의 Ⅲ단계, 공식적 스포츠 게임(official sport games)인 Ⅳ단계로 나눌 수 있으며(Gallahue & Donnelly, 2003) 상위단계로 갈수록 운동기술과 수준, 규칙이 점차 복잡해진다. Ⅱ단계인 협력게임은 다시 '그룹 시작(group initiatives)과 그룹문제해결활동(group problem-solving activities),

신뢰활동(trust activities)'으로 나누어진다. 본 연구에서는 유아의 신체 운동발달에 적합한 게임단계인 '낮은 수준의 게임'과 협력게임 중 '그룹 시작 및 그룹 문제해결활동'으로 구성하였다. 전자는 이동운동, 안정운동, 조작운동 중심으로 기본운동능력 발달을 우선하고, 후자는 협력을 통한 '그룹 문제해결활동'과 이를 위해 약속에 따라 그룹으로 모이는 '그룹 시작'을 강조한다.

2. 교육체조(educational gymnastics)

교육체조는 올림픽 스타일의 체조(olympics-style gymnastics)와는 다른 것으로 상대방과의 경쟁이 아닌 자기 자신과의 경쟁을 강조하는 '자기능력 테스트(self-testing)'여서 기본운동기술 발달에 적합하다 (Gallahue & Donnelly, 2003). 본 연구에서는 음악과 함께 하는 체조와 대·소도구를 활용한 체조를 통해 기본운동능력, 지각운동능력, 기초 체력, 신체적 자아개념이 향상되도록 구성하였다.

교육체조는 교육체조 기술단계(gymnastics skills level) I 인 신체 조절 (body control)부터 단계II 균형 및 구르기(balancing and rolling), 단계III 무게의 전이(transfer of weight), 단계IV 비행하는 신체(body in flight)로 상위단계로 갈수록 체조기술과 수준이 높아지며, 상위단계인 비행하는 신체의 체조기술IV단계는 하위단계 및 그 내용을 모두 포함한다.

3. 발달적 게임과 교육체조를 통합한 유아동작교육활동

기초영역 중 기본운동 및 지각운동과 발달적 게임, 교육체조의 응용영역을 통합한 유아동작교육활동을 의미하며 발달적 게임과 교육체조에는 다양한 대·소도구들을 활용하며 유아의 주의집중력과 흥미를 높일 뿐 아니라, 문제해결력과 운동능력을 증진시키는 것을 목적으로 한다.

본 연구에서의 발달적 게임과 교육체조를 통합한 유아동작교육활동은 유치원의 연간생활주제와 통합되며, 선정한 주제는 8월, 1월, 2월 방학을 제외한 3월 즐거운 유치원, 4월 봄 / 색과 모양, 5월 나와 가족, 6월 이웃 및 지역사회, 7월 동물 / 곤충, 9월 도구와 기계, 10월 가을, 11월 민속놀이, 12월 겨울 / 성탄절로 총 34개 활동으로 구성하였다.

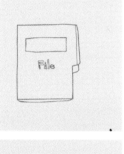

PART 2

이론적 배경

Ⅰ. 동작교육의 개념과 역사

1. 동작교육의 개념

동작교육의 개념은 다양하게 정의되고 있다. 1968년 미국체육학회 (AAHPER)의 체육분과 위원회에서 동작교육 용어의 정의에 관한 논의와 연구가 진행되었으나 결론을 못 내리고 1970년 초등학교 체육분과 위원회로 이관하여 논의를 계속하였다. 그러나 여기에서도 확실하게 개념을 정립하지 못하였다. 정의를 고정시키고 한정하게 될 경우 사고의 유연성이 결여될 위험성이 있기 때문이었다(Tanner & Barret, 1975). 이러한 이유로 인해 동작교육에 관한 개념은 학자들에 따라 다양하게 제시되고 있는 실정이다.

라반은 동작교육이란 자기 나름대로 유연하고 자연스럽게 움직임으로써 효과적으로 움직이는 방법을 발달시키는 것이라고 정의하였다(Laban, 1963). 디마리아는 동작은 인간에게 있어 종합적인 것으로서, 인간의 환경에 대한 반응과 자기 표현력을 증진시키며, 생활을 의미 있게 하는 도구이며 동작교육은 신체의 동작에 대한 기본원리를 이해하여 운동발달을 능률적으로 개발하는 문제해결의 한 접근방식이라고 하였다(DeMaria, 1974).

호프만, 영, 클레시어스는 "동작교육은 신체의 동작에 대한 기본원리를 이해하며, 운동발달을 능동적으로 개발함과 동시에, 문제해결을 위한 한 접근"이라고 정의하였고(Hoffman, Young & Klesius, 1981), 게하르트는 동작교육을 아동의 자아개발과 사회적 협동능력을 기르고, 창의적 사고력과 상상적 표현능력, 그리고 심미적 감각을 기르는 교육이라고 하였다(Gerhardt, 1973).

벤틀리는 아동이 그의 신체를 어떻게(how) 그리고 어디로(where) 움직일 수 있는가 하는 기본 동작과 자신의 신체적 능력이 얼마나 되는가를 알게 하는 체육의 새로운 개념이라고 보았다(Bentley, 1970). 키츠너, 쿠닝함, 워렐은 자신의 신체적 능력을 인지하게 하여 일상생활에서 놀이나 작업을 창조적으로 할 수 있게 하는 개별화 학습 또는 개별화된 활동으로 정의하였다(Kirchner, Cunningham & Warrell, 1974)

선행관련 연구를 토대로 김대진(1982)은 동작교육의 개념을 크게 전체적인 체육활동의 한 단원으로만 보는 관점, 체육활동 지도방법의 새로운 형태로 보는 관점, 체육과 동의어로 보는 관점으로 나누었다. 최근의 경향은 동작교육을 신체육(new physical education)의 새로운 비전을 제시해 주는 지도방법이란 견해가 지배적이다(Foster, 1977).

동작교육의 개념에 관해 선행연구들은 '환경에 대한 반응, 자기표현력, 생활을 의미 있게 하는 도구, 기본원리, 운동발달, 문제해결 위한 접근, 상상력, 표현력, 개인의 반응, 체육교육의 새로운 방법론, 개별화된 학습' 등으로 기술하였다. 이것은 마치 '인간'을 정의할 때 '지구에서 태어난, 수명이 2000살이 안 되는' 등과 같은 요소를 정의

항에 포함시키는 것과 같다. '유(類)와 종차(種差)에 의한 정의'를 기초로(박정일, 2006) 재정리할 필요가 있다. 가령, 인간은 '사회적 동물이다'에서 동물은 유개념이고 사회적임은 종차이다. 즉 동작교육이 다른 교과과정과 대비해 유와 종차개념이 있어야 한다는 것이다. 그렇다면, 유아 동작교육은 다른 교과에 비해 어떠한 유와 종차의 개념을 가지는가?

진인직 발달을 추구하는 것은 음악이나 미술, 수학, 과학 등 다른 교과에서도 보편적 목적으로 두는, 즉 유개념에 해당하는 것이다. 따라서 유아 동작교육이란 유아의 전인적 발달을 위한(유개념) 새로운 신체활동 지도방법으로(종차개념) 정의내릴 수 있다.

2. 동작교육의 역사

1) 헨릭 링의 영향[1]

인간 움직임(human movement)의 개념은 영국에서 시작되었다. 2차 세계대전이 발발하기 전, 영국의 체육 시스템과 미국의 체육 시스템은 헨릭 링에 의해 개발된 스웨덴식 체조 시스템에 기반하고 있었다. 1800년대 초반에 형성된 링체조 시스템은 인간 움직임 이론발달에 개념적 기반을 제공하였다.

---

[1] 동작교육의 역사부분 중 1) 헨릭 링의 영향부터 3) 영국체육에 영향을 끼친 라반의 이론부분은 Steven G. Eates & Robert A. Mechikoff(1999), Knowing Human Movement, pp.190~196 내용을 중심으로 살펴보았음을 밝혀둔다.

스웨덴은 국가의 군사적 목표를 달성하기 위해 체조를 실시하였다. 1800년대 초반 유럽은 지속적으로 정치적 혼란과 전쟁을 겪었다. 프랑스와 러시아로부터의 전쟁패배의 아픔을 겪은 스웨덴 국왕은 링의 제안을 받아들였고, 신체 훈련프로그램은 군대의 효율성을 높이는 데 도움을 주었다. 링의 스웨덴식 체조 시스템은 1880년 초반의 의학적, 과학적 지식에 기반하고 있다. 신체운동은 인체조직 시스템의 법칙에 기반하고, 신체뿐만 아니라 정신까지 영향을 미친다. 링의 시스템은 대단히 형식적이고 매우 엄격하게 보인다.

링의 체조와는 달리, 영국 체육은 운동에 따른 경쟁을 매우 강조하였고, 19세기까지 광범위한 참여와 높은 수준의 조직을 구성하였다. 스웬덴식 체조와 통합된 영국의 '공립학교'에서는 스포츠와 게임이 인기였다. 스웨덴식 체조의 등장은 공리주의(실리주의)로서 훨씬 교육적이었을 수도 있다. 영국은 1차 세계대전 때 상처를 입은 후, 체육의 일종으로 체조를 들여왔다.

2) 루돌프 라반의 기여

스웨덴식 체조는 거친 게임과 조화되며 영국에서 전통이 되었다. 체조와 비교해, 스포츠는 영국 군사의 신체적성(체력)과 인격을 도야해주는 것으로 받아들여졌다. 이 시기의 라반은 독일에서 각광받는 무용가로서 살아가고 있었다. 라반은 공장 노동자들의 움직임에 대한 효율성을 관찰, 분석하는 시스템을 디자인하였다. 그리고 4가지 요소, 즉 신체, 공간, 노력, 관계에 초점을 맞췄다.

라반은 1937년 나치 정부에 의해 독일을 떠나 영국에 정착하였다.

2차 세계대전 동안, 라반은 공장 노동자들에게 운동을 지도하였다. 라반의 인간움직임 개념은 제한적으로 수용되었다. 라반의 혁신적인 개념에 친근했던 몇몇 무용가들이 그들이다. 라반은 무용가의 의무는 자신의 움직임을 통해 스스로를 알아가도록 인간을 돕는 것에 있다고 주장하였다. 라반은 "신체적 움직임 표현 없이 정서적, 지적인 행위는 없다. 혹은 정서적, 지적인 행위 없는 신체적 움직임 표현은 없다(vice versa)"고 피력하였다.

3) 영국 체육에 영향을 끼친 라반의 이론

라반의 인간 움직임에 관한 이론은 영국에서 체육 커리큘럼에 만족하지 못하고 있던 소수의 체육 교사(physical educators)들에게 주목을 받게 되지만, 당시 스웨덴식 체조와 거친 게임, 스포츠에 매력을 느끼고 있던 남성들에게는 그러지를 못하였다. 스웨덴식 체조의 엄격하고 형식적인 구조는 보다 진보를 바랐던 일부 체육 교사들에게는 불만족스러웠으며 한계점을 지닌 것으로 보인 반면(Mechikoff, Estes, 1998), 인간 움직임은 신체육(new physical education)의 비전을 제시해 준 새로운 방법의 발견(discovery method)이었던 것이다(Foster, 1977).

그리고 무엇보다 그의 이론이 널리 보급될 수 있었던 배경에는 2차 세계대전 이후의 영국이 겪은 사회적 변화 때문이라 할 수 있다. 전쟁이라는 자체가 인간성의 회복 및 인간 자신을 되돌아볼 수 있는 계기가 될 수 있는 점을 감안한다면 '자아(self)'의 발달을 강조한 라반의 이론은 전후, 영국 사회가 학생들의 개인차(individual difference)를 강조하고 자아(self)와 자기표현(self-expression)을 격려한 점과 부합하는 결과를 낳은 것이다. 또한 라반의 자아의 강조는 남성에 비해 열악한 지위에 있던, 당시 여성들에게 강한 매력을 끌게 되었던 것이다.

이러한 사회적 풍토에 힘입어 라반의 인간 움직임에 관한 사상과 이론은 여성 체육 교육자들에 의해 지지되었고(특히 교육적 무용 – educational dance로) 인간 움직임의 대중화는 소녀들 연령대에서부터 이루어지게 되었다.

4) 실존주의 철학의 영향

움직임교육은 라반에 의해 20세기 세계대전을 거치며 태동하였고, 전쟁을 전후로 문명사에 큰 획기적인 의식의 변화가 일어나게 된다. 그 의식의 변화를 이끈 사조로 실존철학이 유럽 전역에 유행하게 된 것이다. 개성이 무시되고 인간이 소외되고 비인간화되는 조류에 반항하며 인간이성의 신뢰가 무너지던 시기에 싹튼 실존주의는 '실존이 본질을 앞선다(existence precedes essence)'는 모토로 대변된다.

즉 실존주의자들에 의하면 실존이 본질을 앞서기 때문에 주체성을 강조하고, 인간은 밖으로부터 규정된 보편적, 추상적, 획일적인 규정에 따라 사는 존재가 아니라 구체적인 삶 속에서, 자신을 선택하고 만들어 가는 자유에 의해 자신의 본질을 각자 형성해 가는 존재라는 것이다. 따라서 실존주의는 지식, 진리, 의미 등이 개인 삶의 경험에서 교육적으로 어떻게 의미를 가질 수 있느냐에 관심을 둔다(Ozmon & Craver, 1995).

실존주의는 교육에도 영향을 미치게 되어 학생의 주체성과 특이성을 강조하고, 개성을 강조하는 교육을 좋은 교육으로 간주한다. 또한 객체인 교과나 지식 그 자체가 중요한 것이 아니라, 주체인 아동이 교과나 지식에 대해 어떤 반응을 갖느냐가 더 중요하게 간주된다(조용태, 2002). 실존주의 교육은 이 외에도, 전인교육을 강조하고(Morris, 1954), 자유·선택·책임 등과 인격교육을 중요시하며(Fallico, 1954) 획일성을 가져오는 집단주의 교육을 배격하고 교육방법에 있어서도 집단 중심의 방법을 멀리하게 된다(Morris, 1954).

실존주의에 기반한 체육활동 또한 지나치게 경쟁적이고 조직적인 게임보다는 자연스러운 놀이를 강조하며, 협력, 과정을 중요시한다. 더불어 권위주의의 배격, 자연성 및 자기표현의 강조, 인간주체 중심의 교육경험이 널리 퍼지게 된다(이진수, 1987). 교육과정 내에서 학생들은 특히 개인 활동이 주어지며 이를 통해 창의력, 자아인식, 자기책임, 자아실현을 신장시키는 기회를 갖는다(정종훈, 1998). 결국, 실존적인 인간은 육체가 처한 구체적인 상황 속에서 깨달아가는 존재인 것이다.

세계대전이라는 20세기 문명사의 큰 흐름과 실존주의 철학의 영향을 받은 무용가 라반은 인간의 개성과 자율성, 자기표현을 강조하는 움직임교육을 주창하며, 무용을 '삶의 형식'이라고 정의한다. 또한 '인간의 움직임은 존재 안에서 절대적인 인간'이라는 확신을 진전시킨다(정수미, 2005). 즉 인간은 움직임을 통해 자신의 존재를 알 수 있다는 것이다.

한편, 라반의 이론에 기초한 움직임교육 모형들은 미국과 영국을 중심으로 개발되었다. 미국식 접근은 R. 글라소우에 의해 처음으로 시작되었는데, 글라소우는 체육활동을 잘하기 위해 필요한 모든 운동기술을 학생에게 전부 가르치는 것은 불가능하다는 점을 지적하며,

다양한 여러 움직임들이 근본적인 수준에서는 동일하다는 점을 보여주는 신체동작의 구분 표를 고안해냈다. 즉 한 스포츠에서 배운 동작이 다른 스포츠에 적용될 수 있다는 점을 설명한다. 또한 움직임을 분석할 때, 시간, 공간, 힘과 같은 개념들을 함께 고려하였다(Barrett, 1983; 정수미, 2005, 재인용).

영국식 접근은 독일에서 이주해온 라반에 의해 시작되었다. 라반은 신체가 어떻게 움직이는가를 이해하는 핵심요소로서 움직임의 구조를 강조하였다. 그는 움직임은 4가지 측면 또는 요소를 가지고 있는 것으로 이해하였는데, 오늘날 이 4가지 요소는 각각 신체, 노력, 공간, 관계라는 명칭으로 불리고 있다. 영국의 체육교육은 라반의 움직임교육의 영향을 받아 창의력과 표현력이 강조되었고 초등학교 체육과 중학교 여자 체육프로그램 내용이 새로운 것으로 구성되기 시작하였다(이영, 1997).

라반의 이론은 현재 미국, 캐나다, 오스트레일리아, 유럽 여러 국가에 크게 보급되어 초등학교 체육 프로그램의 한 부분이 되어 많은 연구가 진행되고 있으며 교육과정의 중요한 부분으로 광범위하게 받아들여지고 있다(Halsey, Porter, 1963). 우리나라의 경우, 기존의 신체단련위주의 체육 교육적 방법의 대안으로 등장한 라반의 이론은 1980년대 유아교육진흥법이 제정되면서 유아교육의 발전이 급속히 이루어진 시기에 '동작교육'으로 소개되었으며 유아교육현장에서는 창의적인 신체표현력 증진을 위한 활동에 강조를 두고 실시되었다(교육부, 1998). 그러나 동작교육을 새로운 개념의 체육교육의 지도방법으로 받아들이지 못하고 체육활동의 한 부분인 무용접근적으로 수용함으로써 유아교육현장에서 표현 위주의 활동이 강조되는 결과를 낳고 있다(윤애희, 2000). 그러나 최근에 들어 몇몇 연구들에서(임성혜, 2005; 이만수, 2006) 동작교육을 단지 표현위주의 활동만이 아닌 신체활동관련 목적에 기반한 통합적 동작활동들을 구성하는 경향을 보이고 있기도 하다.

Ⅱ. 유아동작교육의 교육적 가치

유아에게 동작교육이 실시되어야 하는 이유와 근거, 목적은 2007 유치원교육과정의 '건강생활영역'에 구체적으로 제시되어 있다.

다음은 2007 유치원교육과정 '건강생활영역'을 정리한 표이다.

---

1. 성격

건강생활은 긍정적 자아 개념과 일상생활에 필요한 기초체력을 기르며, 유아의 심신을 조화롭게 발달시키기 위한 영역이다. 이 영역은 '나의 몸 인식하기', '나의 몸 움직이기', '건강하게 생활하기', '안전하게 생활하기'의 네 가지 내용으로 구성한다.

'나의 몸 인식하기'는 기본적인 감각 기능을 기르고 자신의 신체를 긍정적으로 인식하도록 하는 데 중점을 둔다.

'나의 몸 움직이기'는 유아기에 해야 할 운동을 체계적이고 규칙적으로 실시하여 기본적인 운동능력을 기르고 기초 체력을 증진하는 데 중점을 둔다.

'건강하게 생활하기'는 청결, 영양, 질병 예방, 휴식을 통한 신체 건강뿐 아니라 정신 건강을 유지하고 건강한 생활습관을 형성하는 데 중점을 둔다.

'안전하게 생활하기'는 자신과 타인의 몸을 소중히 여기고, 우리 주변에서 발생할 수 있는 위험을 예방하며, 재난에 대비하는 데 필요한 지식과 기능 및 태도를 기르는 데 중점을 둔다.

---

2. 목표

자신의 신체를 긍정적으로 인식하고 생활에 필요한 기초 체력을 기르며, 건강하고 안전한 생활습관을 가진다.

2-1. 하위 목표

가. 자신의 몸과 주변세계를 긍정적으로 인식한다.
나. 기본 운동능력과 기초 체력을 기른다
다. 건강한 몸과 마음을 기른다.
라. 안전한 생활습관을 가진다.

3. 내용체계

내용	하위 내용
나의 몸 인식하기	감각 기관을 활용하기 나의 몸을 인식하고 움직이기
나의 몸 움직이기	이동하며 움직이기 제자리에서 움직이기 도구 및 놀이 시설을 활용하기 바깥에서 신체활동하기
건강하게 생활하기	몸과 주변을 깨끗이 하기 바른 식생활 하기 질병 예방하기 즐겁게 생활하기
안전하게 생활하기	나와 다른 사람의 몸을 소중히 하기 안전하게 놀이하기 교통안전 규칙 지키기 위험한 상황을 알고 대처하기 환경오염이나 재난에 대비하기

‘건강생활영역’의 내용은 기본운동과 감각 및 신체인식하기, 지각운동 등의 운동능력의 발달, 기초체력의 향상, 자신의 신체를 긍정적으로 인식하는 신체적 자아 개념의 발달이다. 이는 곧 동작교육이 함의하는 교육적 가치라 할 수 있다.

동작교육의 교육적 가치에 관해 본 연구는 ‘움직임을 위한 학습’에 해당하는 신체적 측면의 기본운동능력 발달과 기초체력 향상, '움직임을 통한 학습'에 해당하는 인지적 측면의 지각운동능력 발달과 정의적 측면의 신체적 자아개념 향상을 중심으로, 그리고 두뇌 발달적 측면과 철학적 관점에서 동작교육활동의 교육적 가치를 보다 구체적으로 살펴보고자 한다.

1. 기본운동능력의 발달

기본운동은 스포츠와 같이 전문화되고 복잡한 신체활동에 들어가기 위해 운동능력과 운동기술을 발달시키기 위한 이상적인 시기(Hurlock, 1972)인 유아기에 필요한 기본적인 동작교육 활동이다. 기본운동은 안정, 이동, 조작운동으로 분류된다. 한자식 언표는 2007유치원교육과정의 건강생활영역을 통해 제자리에서 움직이기(안정운동, stability movement), 이동하며 움직이기(이동운동, locomotor movement), 도구 및 놀이시설을 활용하기(조작운동, manipulative movement)로 그 표기가 변경되었다.

<표 1> 기본운동의 유형

안정운동		이동운동		조작운동	
중축성 운동 (axial movement) 구부리기 (bending) 스트레칭 (stretching) 꼬기 (twisting) 돌기 (turning) 뻗기 (reaching) 들어올리기 (lifting) 떨어뜨리기 (falling)	도약운동 (springing movement) 수직점프기술 (vertical jumping skills) 도약판기술 (springboard skills) 트램폴린기술 (trampoline skills) 역 도약기술 (inverted spring skills)	직립 유지 (upright support) 개인스턴트 (individual stunts) 파트너스턴트 (partner stunts) 균형판기술 (balance-board skills) 균형-블럭 기술 (balance-block skills) 평균대기술 (balance-beam skills)	역 유지 (inverted support): 물구나무 서기 (headstand skills) 옆으로 재주넘기 (cartwheel skills) 손 짚고 돌기 (handstand skills)	걷기 (walking) 달리기 (running) 뛰어넘기 (leaping) 섬핑 (jumping) 홉핑 (hopping) 스키핑 (skipping) 슬라이딩 (sliding) 겔로핑 (galloping)	던지기 (throwing) 잡기 (catching) 차기 (kicking) 트래핑 (trapping) 튀기기 (bouncing) 굴리기 (rolling) 치기 (striking) 발리 (volleying)

〈출처: Gallahue & Donnelly. 2003. p.419.〉

기본운동 중의 제자리에서 움직이기(안정운동)는 신체균형 유지 및 증진이 강조된다. 모든 이동운동과 조작 운동에는 안정의 요소가 있다. 안정이란 개념은 사실, 비이동운동과 정적(static), 동적(dynamic) 균형의 개념을 포괄한다. 안정은 신체 부분들 간의 관계가 변화함에 따라 균형의 변화를 인식하는 능력이며 동작의 변화에 신속, 정확하게 신체를 조정하는 능력이다. 즉 안정은 정적 및 동적인 움직임상황에 신체 균형을 유지하는 기술인 것이다. 따라서 안정의 개념에는 정적 혹은 동적 균형이 내포된 중축성 운동(axial movement)과 도약운동(springing movement), 직립 유지(upright support), 그리고 역 유지(inverted support) 등이 포함된다(Gallahue & Donnelly, 2003).

요컨대, 지금까지 발표된 선행연구들은 비이동운동을 안정운동과 같은 맥락으로 흔히 사용하여 왔지만, 안정운동은 신체의 위치가 변하거나 그렇지 않던 간에 신체의 균형유지 및 증진에 중점을 둔 개념이다. 그리고 비이동운동은 안정운동 중 중축성운동과 같은 맥락으로 안정운동을 이루는 하위요소이다. 안정운동은 신체의 위치를 변경하지 않고 움직이는 비이동 동작들뿐만 아니라, 신체의 위치가 변하더라도 균형을 유지하거나 더 증진시킬 수 있는 모든 동작들이 포함된다. 따라서 구부리기, 뻗기, 돌기에서부터 구르기, 점프, 평균대 기술에 이르기까지 모든 운동에는 신체 안정이란 성격이 내재되어 있다.

이동하며 움직이기(이동운동)는 공간 속에서 신체의 위치를 바꾸면서 하는 동작으로 신체가 한 지점에서 다른 지점까지 수평적, 수직적 방향으로 움직이는 것을 의미한다(Gallahue, 1993). 그 하위유형으로는 걷기(walking), 달리기(running), 점핑(jumping), 리핑(leaping), 홉핑(hopping)과 발전된 형태의 응용 이동운동인 겔로핑(galloping), 슬라이딩(sliding), 스키핑(skipping) 등으로 구분할 수 있다(김선진, 한동욱, 박승하, 김용호, 2003; Gallahue & Donnelly, 2003).

한편, 도구 및 놀이시설을 활용하기(조작운동)는 물체와의 관계 속에서 이루어지며 대상에 힘을 주고 대상으로부터 힘을 받게 되는 신체 동작으로(이영, 1997) 공치기, 공 튀기기, 공차기, 공 던지기, 공굴리기 등의 추진운동(propulsive movement)과 공받기, 공 멈추기 등의 흡수운동(absorptive movement)이 있다(Ulrich, 1985).

조작운동은 이동운동과 비이동운동이 결합된 활동으로(Ulrich, 1985), 공을 잡거나 치기, 트래핑 등 움직이는 대상 물체를 가로채기

(intercepting) 위해서 많은 복잡한 시지각 운동(visual‒motor)이 조정되기 때문에 일반적으로 이동과 비이동운동 기술보다 후에 발달하는 것으로 알려져 있다. 무엇보다, 조작운동 기술이 성숙한 패턴으로 발달하기 위해서는 연습과 자극, 지도의 기회가 주어져야 하며 자동적으로 발달하지는 않는다(Gallahue & Donnelly, 2003).

유아기에 성숙한 단계의 동작 형태를 습득하기 위해서는 환경적 요인의 영향을 받아 획득되는 운동행동인 개체발생적 운동행동(ontogenetic behavior)에 의한 다양한 운동경험과 연습이 필요하다(Gallahue & Donnelly, 2003). 선행 연구결과에 의하면(원정자, 1987; 이영, 1997; Gabbard, 1988; Stinson, 1988), 유아가 기본운동을 많이 경험할수록 리듬 있는 운동능력과 표현 능력이 증진되었다는 사실이 보고되고 있다(김은심, 1995, 재인용).

2. 기초체력의 향상

'올빼미형화'되는 가족생활리듬과 경제발전에 따른 식생활의 변화 등 현대문화의 병폐는 유아의 체격과 체력발달에 부정적 영향을 주고 있다. 이에 놀이를 즐기는 유아기 때 활발한 신체활동으로 신체적 능력을 향상시켜야 한다.

체력(physical fitness)은 신체적성, 운동적성으로도 명명되며 종합적성(total fitness)과 대비되는 개념으로 사용하고 있다. 전자가 신체적인 능력을 중요시하는 반면, 후자는 신체활동을 통해 인지, 사회, 정서 능력 등 전인적 능력발달을 도모한다.

클라커는 체력이란 여가시간을 즐겁게 활용할 수 있는 충분한 에너지를 체득함을 말하며, 위험 상황에 대처할 수 있고 피로를 느끼지 않으며 정서적으로 일상생활을 수행할 수 있는 능력이라고 정의하였다(Clarke, 1971). 즉 체력이란 외계의 스트레스에 대하여 생명을 유지하는 신체의 방위력과 적극적으로 외계에 작용하는 행동능력을 말하는 것으로 신체적 요인과 정신적 요인으로 구분되며, 이들은 다시 행동체력과 방위체력으로 분류된다.

세계보건기구(WHO)에서는 "체력이란 주어진 조건하에서 근육 운동이 요구되는 작업을 만족스럽게 진행하는 데 필요한 능력"이라고 하였다(정민아, 2004, 재인용). ACSM(2000)은 신체활동을 수행할 수 있는 능력으로 인간이 가지고 있는 또는 더욱 향상시키고자 하는 일련의 속성을 체력으로 정의하였다.

현재까지 체력의 구성요인 분류로서 가장 보편적으로 인정되고 있는 것은 큐러턴의 분류로, 근력, 지구력, 순발력, 평형성, 민첩성, 유연성의 6개 요소가 속한다(Cureton, 1967).

과거의 학자들은 체력의 구성요인을 신체적 요인과 정신적 요인으로 분류하여 왔으나 최근에는 그 구성요소를 건강관련 체력과 운동기능 관련 체력으로 분류하고 있다.

건강관련 체력요소는 심폐지구력, 근력, 근지구력, 유연성, 신체구성이 해당하고, 운동기능 관련 체력요소는 스피드, 순발력, 평형성, 협응력, 반응시간 등이 해당된다. 그리고 건강관련 체력과 관계된 활동으로는 걷기, 달리기, 자전거타기, 수영, 등산, 웨이트트레이닝, 줄넘기 등이 있으며, 운동기능 관련 체력은 테니스, 라켓볼, 스쿼시, 배드민턴과 같은 라켓운동과 축구, 농구, 배구 등과 같은 구기운동이 있다. 과거에는 모든 체력요소의 향상을 강조하여 왔으나 최근에는 건강유지를 목적으로 하는 일반인의 경우, 건강관련 체력요소를 우선적으로 육성해야 한다는 의견이 지배적이다(체육과학연구원, 2001).

다음은 신체요소와 관련된 체력에 관한 그림이다.

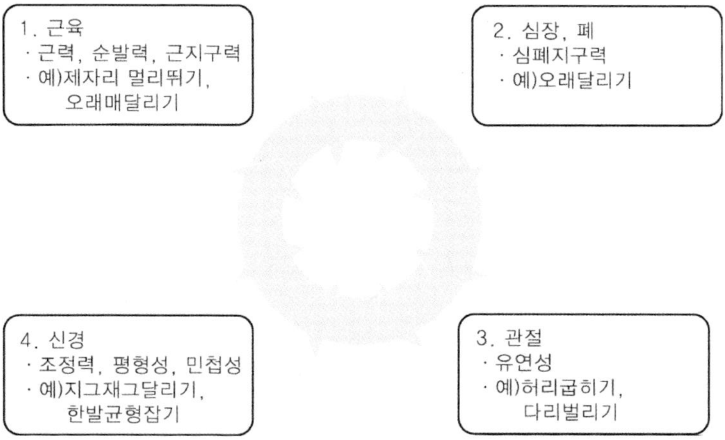

1. 근육
 · 근력, 순발력, 근지구력
 · 예)제자리 멀리뛰기,
   오래매달리기

2. 심장, 폐
 · 심폐지구력
 · 예)오래달리기

4. 신경
 · 조정력, 평형성, 민첩성
 · 예)지그재그달리기,
   한발균형잡기

3. 관절
 · 유연성
 · 예)허리굽히기,
   다리벌리기

〈그림 1〉 신체요소와 관련된 체력

체력요소 중 근력, 순발력, 근지구력 등은 근육의 영향을 받으며, 심폐지구력은 심장, 폐, 그리고 유연성은 관절의 영향을, 조정력, 평형성, 민첩성 등은 신경의 발달을 도모하는 하위요소이다. 따라서 취학 전 유아기는 신경발달을 도모할 수 있는 조정력, 평형성, 민첩성 등의 운동이 필요한 것이다. 두 눈 감고 한발로 균형 잡기, 지그재그 달리기, 공주고 받기 등을 대표적으로 들 수 있다.

<표 2> 체력의 발달 순서

1. 조정력 발달	신경이 발달하는 유아기에 급속히 발달하는 운동조정능력이며, 협응력이라고도 한다. 유아기 이후는 신경발달이 저하됨으로 유아기에 다양한 신체활동이 이루어져야 할 것이다
2. 민첩성 발달	초등학교에서 중학교까지 급격히 발달하며, 방향을 전환하는 능력으로 정의된다. 신경조절과 신경충격에 영향을 받는 능력이다
3. 근력의 발달	남자는 13~15세에 급격히 증대하여 18~19세까지 발달하고 여자는 11~14세에 발달한다. 그 후 점차 둔화되기 시작한다
4. 순발력 발달	남자는 11~15세에, 여자는 11~12세에 발달한다. 이 이후에도 발달하나 여자는 정체 현상을 보이기 시작한다
5. 지구력 발달	중고등학교 때 현저히 발달하며 20대 후반까지 지속된다. 남자는 18세에 정점에 이르지만 여자는 13세부터 저하되기 시작한다

체력의 발달 순서는 먼저, 평형성, 협응력, 민첩성과 같은 신경의 영향을 받는 체력이 발달하고, 이후 근력과 순발력 등 근육의 크기에 영향을 받는 체력이 발달한다. 지구력은 가장 늦게 발달하는 특성을 지녔다. 유아기에 발달시켜야 하는 체력은 평형성, 협응력, 민첩성 등으로 신경발달에 영향을 주는 체력요소이다(박대근, 2003). 따라서 이러한 체력요소의 발달에 주 목적을 두고 활동을 구성하여야 한다.

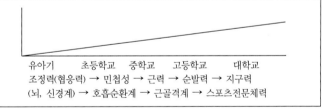

유아기   초등학교   중학교   고등학교   대학교
조정력(협응력) → 민첩성 → 근력 → 순발력 → 지구력
(뇌, 신경계) → 호흡순환계 → 근골격계 → 스포츠전문체력

<그림 2> 연령별 체력의 발달과정

3. 지각운동능력의 발달

지각운동의 개념을 알기 위해서는 먼저, 지각이 무엇인지 알 필요가 있다. 겔라후(1995)에 의하면, 지각은 정보를 알고 해석하는 것으로 현재 감각기관을 통해서 들어오는 정보와 이전의 경험에서 얻은 정보를 조직하는 것을 의미한다. 그렇다면, 지각 이전의 감각이란 무엇인가? 감각은 사물에 관한 직접적인 정보의 원천이며(남경태, 2006) 목표를 향한 키네스테제(kinästhese, 근육감각)활동이다(한전숙, 1995). 시각을 통해 사물을 볼 때 우리는 무의식으로 안구를 돌린다. 그 대상을 보기에 가장 적합한 조건을 얻기 위해서, 즉 대상을 우리 시야의 중심에 놓기 위해서이다.

안구운동을 비롯한 모든 신체적 운동은 '더 명확하게 보려는 충동' (Landgrebe, 1977), 즉 사물을 시야의 중심에 놓으려는 목적에서 일어난다. 이렇게 '목표를 향한 감각기관들의 활동'을 근육감각이라고 한다(한전숙, 1995). 즉 신체 동작 및 운동이 무의식 혹은 본능적으로 일어나는 것 같지만 목적지향성을 갖는 감각기관들의 활동인 것이다. 유아의 몸이 본능적으로 움직이는 것 같지만 '무엇을 보기 위해, 무엇을 느끼기 위해, 무엇을 냄새 맡기 위해' 목적을 띠고 움직이는 것이며 근육감각적 운동을 통해 앎의 범위, 즉 지각이 발달할 수 있는 것이다.

이와 같이 운동과 감각은 인간발달의 기초적 구성요소로서 서로 분리 될 수 없는 세계를 형성하기 때문에 운동과 지각은 지각-운동이라는 연결된 하나의 용어로 사용되고 있다(최혜라, 1991; Barsch, 1965; Cratty, 1967; Kephart, 1971).

해롤드는 지능발달과 운동발달이 매우 밀접한 관계가 있다고 주장하였다(Harold, 1978). 특히 유아기에 많은 지각운동 경험이 뇌의 성장과 발달을 위한 자극을 주는 중요한 요인이라고 지적하였다.

겔맨(Getman, 1968)은 지적 발달의 기초로서 신체활동을 강조하였고, 신체활동이 아동의 학습능력을 높여 준다고 제시하였다. 그는 특히 시·지각의 중요성을 강조하고 신체활동을 통한 시·지각 운동 활동을 개발하였다. 그리고 시신경이 잘 발달되어 있지 않은 상태의 아동이 너무 일찍 읽기를 강요받거나 TV를 많이 접하게 되면 시·지각 기능에 장애를 가져온다고 지적하였다. 또한 시·지각의 향상이나 예방을 위한 가장 좋은 환경은 지각운동 학습경험이라고 말하며, 운동학습 경험을 시키는 체육교사야말로 시·지각 발달이나 예방 및 치료를 위해 안과 의사들이 의술로 할 수 있는 것 이상을 제공해 준다고 강조하였다(윤정숙, 변영신, 1997, 재인용).

겔라후(1993)는 지각운동학습의 구성요소에 있어 동작의 경험이 일반적인 지각운동활동으로 정의되지만 동작의 활동은 신체인식, 공간인식, 방향인식, 시간인식을 향상시키는 지각운동의 질에 따라 구분되어야 한다고 하였다.

〈표 3〉 지각운동학습의 구성요소

신체인식	공간인식	방향인식	시간인식
* 신체부위 알기 * 무엇을 움직일 수 있는지 알기 * 어떻게 움직일 수 있는지 알기	* 자기중심적 위치 * 객관적 위치	* 양측성 * 방향성	* 동시성 * 연속성 * 리 듬

〈출처: Gallahue, 1993, p.53〉

위와 같이, 신체지각, 공간지각, 방향지각, 시간지각 등으로 분류되는 지각운동 기능은 후천적으로 발달하므로 학습에 의해 강화될 수 있으며 적절한 신체활동이 지각능력을 확장시키는 데 매우 효과적임이 밝혀지고 있다(Mayesky, 1995; Riston, 1986; Spodek, 1985; Williams, 1983).

4. 신체적 자아개념의 향상

유아기부터 싹트기 시작하는 자아개념은 개인의 인생에 중요한 영향을 미친다(Mussen, Conger, Kagan & Huston, 1984). 자아개념이 높은 유아나 아동은 과제에 대해 적극적으로 대처하며 성공적인 기대를 하고, 자신의 판단에 대해 확신하며, 새로운 것에 쉽게 도전한다. 반면에 자아개념이 낮은 아동은 또래에 인기가 별로 없으며, 자신의 생각을 표현하기를 꺼려하며 자신이 주목되는 것도 기피하는 경향을 보이게 된다.

특히, 자아개념의 발전 과정에서 신체적 자아는 인간의 가장 원초적인 자아로 지각과 개념 및 신체와 관련된 감정을 포함하여 신체이미지를 형성하며, 신체이미지는 자아의 구조 발전으로서 성격형성과 발달에 영향을 준다(Fujita, 1972).

인간발달과정에서 유아기는 타인과 구분되는 '나'에 대한 신체적 경험을 하는 신체적 자아개념을 인식하는 시기로, 태어난 후 2세경부터 자기신체에 대한 존재인식을 하게 되고, 3, 4세에는 자신의 신체모습에서 여자, 남자의 성별을 인식하게 된다(황선진, 이종남, 이승희, 양윤, 2002). 이에, 긍정적인 자아개념을 심어줄 수 있는 유아기는 무엇보다, 동작활동을 통해 자아개념의 근간이 되는 신체적 자아개념의 발달을 조성할 필요가 있다.

폭스는 일반적인 자아개념과 신체적 자아개념의 관계를 연구하여 신체상태, 체력, 매력적인 외모, 운동 유능감 수준에 따라 개인적으로 중요성 점수를 측정하는 '중요성 지각 파일(The Perceived Importance Profile)'을 구성하였다(Fox, 1990). PIP는 PSPP(The Physical Self-Perceived Profile)와 동반적으로 구성되고 각 문항별로 자신이 자각하는 내용에 체크하도록 구성하였다. 통합적 자아 존중감은 자긍심, 만족, 행복, 신체적 자아에 대한 확신 등의 신체적 자아 가치감에 의해 중재되고 신체적 자아 개념은 외모, 운동 유능감, 체력, 건강 등 4개의 하위영역으로 나누어 제시하였다(윤은영, 2005; 황순각, 2000).

또한, 특정과제에 대한 하위 차원의 자기지각이 충분하게 반복되어야만 보다 일반적인 상위 차원의 자기지각을 형성할 수 있다(Fox, 2002). 즉 자기지각의 상위차원이 변화되기 위해서는 하위차원에서 강도 높고 반복적인 변화가 선행되어야 한다(이희태, 엄성호, 조대용, 2004). 이러한 폭스(2002)의 제안은 신체활동과 이로 인한 신체적 자아개념의 향상 사이에는 시간적 격차가 존재할 수 있음을 시사한다.

다시 말해, 신체적 자아개념을 긍정적으로 변화시키기 위해서는 유아의 신체활동이 규칙적으로 충분히 반복되어야만 하고 장기적인 시간이 요구됨을 의미한다.

5. 두뇌 발달

현존하는 대다수의 Gym Center, Martial Arts Gym 등 유아들의 신체활동을 담당하는 공간에서는 '운동을 하면 유아들이 머리가 좋아지고……' 따위의 미사어구들을 펼쳐 놓는다. 또한 유아체육 혹은 유아동작교육에서 단골 메뉴로 등장하는 명제로 '유아기 때에는 두뇌가 성인의 70~80% 이상 발달하는 시기이므로 신체활동이 중요하다'가 있다. 그러나 두뇌가 신체활동과 어떤 상관관계를 이루는지, 왜 운동을 하면 머리가 좋아지는지 그 이유에 대한 해명은 쉽게 파악되지 않고 있다. '왜 운동을 하면 머리가 좋아지는가?'

한편, 그동안의 心身論은 '이성적 사고 판단의 기능은 머리에서, 감성적 능력은 가슴에서'라는 글귀에서 알 수 있듯이, 신체와 두뇌작용을 별개의 실체로 간주하는 心身二元論적 성격을 띠고 있었다. 이러한 인식론적 패러다임 속에서 '운동은 운동장에서, 공부는 교실'에서 하는 것이었고, 학교현장 또한 인지, 정서 및 운동기능을 서로 분리된 것으로 본 나머지 인지영역만을 지나치게 중시하는 경향을 초래하였다(김유미, 2003).

그러나 최근에 등장한 MRI(자기 공명 영상법)나 PET(양전자 방사 단층 X선 촬영법)와 같이 두뇌의 내부를 이해하고 볼 수 있는 새로운 과학 방식이 등장함에 따라, 신체의 움직임과 인지, 정서 기능 등이 서로 개별적으로 작용하는 것이 아니라 깊은 관련성을 맺고 있음이 밝혀지고 있다.

즉 현대적인 과학기술의 혜택에 의해, 두뇌가 홀로 고차원적인 사유기능을 하는 것이 아니라, 신체감각과 그 움직임을 통해 인지, 정서, 이성적 판단능력을 원활하게 할 수 있다는 것이다. 따라서 신체활동은 유아들의 뼈와 근육, 內 기관을 튼튼하게 할 뿐만 아니라 두뇌의 모든 부위를 강하게 하고, 두뇌에 산소를 공급해주며, 뉴런의 성장을 촉진하고 뉴런 간에 더 많은 연결을 촉진하는 BDNF(Brain-Derived Neurotrophic Factor, 신경영양인자)를 분비함으로서 인지기능을 증진시키게 되는 것이다(Hannaford, 1995; 김유미, 2003, 재인용).

따라서 종래의 心身二元論적 관점에서 心身一元論적 사유체계로 그 인식을 전환시킬 수 있는 방법론으로 학제 간 접근을 하는 인지신경과학(cognitive neurosciences)적 측면에서 두뇌에 기반한 학습원리를 되새겨 보는 일이 중요하다고 하겠다.

1) 두뇌의 구조와 역할

맥클린(MacLean, 1990; 김유미, 2003, 재인용)의 삼위일체 두뇌이론을 중심으로 두뇌의 생김새와 그 역할을 살펴보기로 하자.

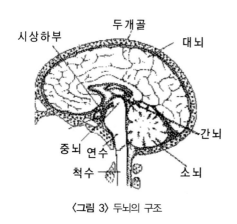

〈그림 3〉 두뇌의 구조

① 파충류의 뇌
* 뇌간: 중뇌(윗부분), 뇌교(가운데 부분), 연수(맨 아래)로 구성. 자율기능을 담당하며 생존을 위해 필요한 기능을 무의식적으로 조절. 호흡, 심장박동, 혈압을 무의식적으로 조

절. 조금만 손상되어도 생명이 위험하다.

* 소뇌: 후두엽 바로 아래에 위치, 균형, 자세유지, 근육기능 협응 의 열쇠가 됨. 2세 무렵 거의 성인 수준에 이른다.

② 포유동물의 뇌

* 시상: 그리스어의 방, 내실을 의미하는 시상은 감각기관과 피질 간의 정보흐름을 안내하는 중계소 역할을 함. 감각기관에서 오 는 거의 모든 입력정보가 먼저 시상에 있는 뉴런으로 가서 거기 에서 신호가 분류되어 피질의 각 영역으로 보내진다(단 후각은 자극을 피질에 직접 보냄).

* 시상하부: 시상 아래에 있음. 뇌하수체와 함께 항상성에 필요한 기능을 조절하여 신체의 정상적인 상태를 유지. 가령 체온이 높 으면 시상하부는 땀 분비를 증가시킨다.

* 편도: 정서를 조절하는 데 중요한 역할을 한다.

* 해마: 학습과 단기 기억하는 데 중요한 역할을 함. 심한 스트레스 를 받을 경우 코티졸 호르몬이 분비되어 면역체계 저하, 대근육 긴장, 혈액응고 및 혈액증가 등 신체반응을 야기하고 해마의 뉴 런들이 죽게 되어 기억과 학습에 이상이 생기게 된다.

* 유아기 때는 해마의 성숙은 이루어지지 않지만, 편도는 성숙한 상태라 부정적 경험에 대한 정서를 기억한다.

③ 인간의 뇌

* 대뇌 피질의 넓이는 한 페이지의 신문지 크기 정도. 후두엽, 측두 엽, 두정엽, 전두엽의 4개 엽으로 구성된다.

* 후두엽: 두뇌 뒷부분의 중심부 아래에 위치, 시각 자극을 처리하기 위한 두뇌센터이다.
* 측두엽: 귀 바로 윗부분의 양쪽에 위치. 청각 처리와 언어 처리를 담당한다.
* 두정엽: 두뇌의 맨 위에서 뒷부분에 걸쳐 있음. 고차적인 공간, 감각 처리와 언어 처리 담당. 주의집중과 공간적인 주의를 유지하도록 하는 역할을 한다.
* 전두엽: 피질의 가장 넓은 부위로 가장 복잡한 기능을 수행. 감각 동작 처리하는 동작피질과 인지, 종합적 사고기능, 가장 고차적인 정신활동이 일어나는 전전두피질, 정서충동을 평가하고 조절하는 역할을 하는 안와전두피질로 구성된다.

2) 두뇌를 구성하는 요소들[2]

* 뉴런(neuron): 신경세포 중 가장 작은 단위, 세포체(cell body)와 수상돌기(dendrite, 입력 섬유, 풍요로운 환경에서 세포체로부터 수상돌기 뻗어 나옴), 축색돌기(axon, 많은 정보를 종합하고 평가하여 전기자극 형태로 전달하고 화학물질로 운반하는 기능, 축색돌기가 두꺼울수록 전기와 정보의 전달속도가 빨라짐)로 구성된다.
* 수초(myelin): 축색돌기 주변에 형성된 지방질, 전기 전달을 빠르게 하고 근처의 다른 반응이 방해하는 것을 막아준다.
* 시냅스: 한 뉴런의 축색돌기가 다른 세포의 수상돌기를 자극하기

---

2) 이하 내용은 김유미(2003), 두뇌를 알고 가르치자, 학지사와 김유미(1998), 온몸으로 하는 학습 – 두뇌와 신체의 조화 –, 도서출판 진우의 내용을 중심으로 전개하였음을 밝혀둔다.

위해 신경전달물질을 분비할 때, 반응이 일어나는 지점. 접합이 이루어지는 의사소통 지점. 생후 3년 동안에는 시냅스 형성이 제거보다 훨씬 더 많고 이후 7년간은 시냅스 형성과 제거가 대략 균형을 이루게

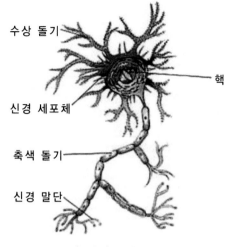

수상 돌기

핵

신경 세포체

축색 돌기

신경 말단

〈그림 4〉 뉴런의 구조

되며, 사춘기 초기부터 시냅스 제거가 우세하게 된다.

3) 연령별 두뇌발달과 동작교육

① 0~2세의 영아

* 시냅스가 거의 없는 상태. 뇌간과 소뇌가 가장 활동적인 부위. 대뇌피질 조용한 상태. 청각과 시각 발달이 두드러짐. 소음이 발달에 큰 영향을 끼침. 영아 자신의 적극적인 관심과 정신적인 노력 덕분에 시냅스와 수초가 급속도록 형성되기 시작함. 따라서 이 시기 성인들은 영아로 하여금 마음껏 '말썽피워'보게 해야 한다.

- 영아 동작교육활동의 시사점: 교사는 항상 따뜻하고 안정적인 어투를 사용, 챈트나 노래, 애정 어린 말투로 수업을 진행해야 함. 다양한 체육 환경적 기구나 매체를 영아들에게 보여주고 자유롭게 말썽피워보게 해야 할 것이다.

② 2~4세의 유아

* 변연계의 발달이 주를 이루는 이 시기에 정서교육에 많은 관심을 가져야 함. 언어적 모델링이 중요한 시기이다.

－유아동작교육활동의 시사점: 교사는 완벽한 언어적 상호작용을 해야 함. 가령 유아가 '물'이라고 하면 '○○가 물이 먹고 싶은가 보구나'하고 반응을 보여야 함. 모방을 잘 하는 유아들의 특성을 고려해 교사는 몸짓하나 눈짓하나에도 보다 주의를 기울일 필요가 있다.

③ 4~6세의 유아

* 종합적인 사고를 담당하는 전두엽과 사태를 전체적으로 처리하고 리듬, 동작 및 정서를 담당하는 우반구의 발달이 주를 이루는 시기. 좌우반구를 연결하는 커다란 신경섬유 뭉치인 뇌량이 발달하는 시기이다.

－유아동작교육활동의 시사점: 교사는 리듬, 동작, 정서를 담당하는 우반구가 발달하는 이 시기 유아들의 특성을 고려하여 구조화된 리듬활동(율동)이나 자유로운 리듬활동을 활동에 반영할 필요가 있음. 유아의 창의성을 촉진하도록 폐품을 활용한 신체활동이나 동화나 음악을 활용한 신체표현활동도 구성할 필요가 있다.

6. 신체문화의 기초입문과정으로서의 가치

지금까지 제시한 유아동작교육의 교육적 가치 이외에도, 유아동작교육은 '신체문화로의 기초입문과정'으로서의 가치를 함의하고 있다(김성재, 2006; 최의창, 2002). 신체문화란 무용, 요가, 발레, 레크리에이션, 체조, 스포츠, 무예 등 인류가 지금까지 이룩한 그리고 이룩해나가고 있는 모든 신체움직임 관련 활동들과 그 행위 속에 담긴 문화적 의미들을 의미한다(김성재, 2006).

읽기를 학습하기 위해 자·모음 단어 문장을 인식하는 것을 배워야 하는 것처럼(Graham, 1987) 게임, 무용, 스포츠와 같은 전문화된 복잡한 신체활동을 하기 위해서는 겔라후와 오즈먼이 지적한 바와 같이, 유아기 때 다양한 기본운동능력을 발달시킬 필요가 있다(Gallahue & Ozmun, 1998). 가령, 테니스를 치기 위해서 슬라이딩 및 러닝 이동운동과 공치기 조작운동을 충분히 체험하며 숙달시켜 놓을 필요가 있다. 또한 테니스경기 내면의 문화적 가치인 규칙준수, 질서의 의미도 유아기 때의 다양한 신체활동들을 통해 체험해 나간다.

요컨대, 스포츠, 무용, 게임 등 전문화되고 조직적인 신체활동관련 기술과 그 내면의 문화적 의미를 수용해나가기 위해서는 운동발달의 적기인 유아기 때, 다양한 신체활동 체험들이 필요하며 이는 곧, 신체문화로 들어가는 기초입문과정이라 할 수 있다.

겔라후와 오즈먼(1998)의 연구에서 밝혀졌듯이, 7세에서 청소년기까지의 스포츠와 관련된 전문적 동작기(specialized movement phase)에 해당하는 숙련된 운동기능이 숙달되기 위해서는 2~7세까지 기본적 동작기(fundamental movement phase)에, 충분한 기본운동기능의 발달이 이루어져야 함을 인식할 때 '신체문화의 기초입문과정'으로서의 유아기 동작교육은 중요하다.

III. 유아동작교육의 내용

김은심(1995), 게바드(Gabbard, 1988), 겔라후(Gallahue, 1993), 그라함, 홀트-헬러, 파커(Graham, Holt-Hale & Parker, 1993)가 제시하였듯이, 유아기 동작교육활동영역은 기초영역과 응용영역으로 나눌 수 있다. 지각운동과 기본운동 중심으로 실시되는 기초영역활동과 게임, 체조, 신체표현활동 중심의 응용영역활동이 그것이다.[3] 이 중 본 연구의 동작교육활동은 겔라후와 도넬리(Gallahue & Donnelly, 2003)의 이론에 따라 발달적 게임과 교육체조 중심의 응용영역활동으로 구성된다. 이에, 다음 글에서는 응용영역활동인 발달적 게임과 교육체조를 중심으로 동작교육의 내용을 논해보려고 한다.

---

3) 기본운동과 지각운동은 앞서, 동작교육의 교육적 가치부분과 관련하여 다루었기에 본 교육내용의 기초영역에 해당하는 기본운동과 지각운동에 관한 상세한 설명은 생략하기로 한다.

1. 발달적 게임

1) 발달적 게임(developmental games)의 개념

유아기의 놀이와 게임은 중요하다. 놀이와 게임은 '즐거움을 추구하는 지적, 신체적 활동'이라는 공통된 속성을 갖고 있으나 게임은 보다 구조화된 놀이로서 일정한 규칙과 승패가 있는 보다 구조화된 특성이 있다(박찬옥, 김영중, 정남미, 임경애, 2001).

김홍식(2001)은 규칙의 성격 차이를 근거로 놀이와 게임을 구분하였다. 놀이를 '임의의 규칙(voluntary rules)'에 의해 규정되는 활동으로, 게임을 '관례화된 규칙(traditional rules)'에 의해 규정되는 방식으로 이루어지는 경쟁적 활동으로 정의하였다. 즉 유아가 특정 활동을 할 때 같은 놀이라 할지라도 다음에 할 경우에는 전에 행했던 놀이의 규칙이 적용되지 않고 변화는 경우가 놀이이며, 어느 정도 시간이 지나 다음에 같은 놀이를 할 때도 그 규칙을 그대로 적용하는 것을 게임이라고 규정짓고 있다.

카미와 디브리스는 동의된 규칙·제한된 시간·점수획득방법·개인 또는 팀 형태의 경쟁이 있고 이기고자 하는 욕구와 합의한 규칙에 대한 동조가 있어야 하는 것이 게임이라고 설명하였다(Kamii & DeVries, 1980). 그러나 게임의 기본적 속성인 '경쟁성'은 유아의 신체활동에서 논란이 되고 있다.

이에, 게임의 속성인 지나친 경쟁을 피하고 규칙준수의 학습기회 제공 및 게임을 정하는 과정에서 인지적 발달과 사회적 협상능력을 향상시키기 위해(정진, 성원경, 1994; 최기영, 신선희, 2003; DeVries &

Zan, 1994) 그룹게임 형식의 활동이 유아에게 적용되고 있다. 그룹게임은 첫째, 유아들이 성취해야 할 이미 정해진 클라이막스가 있으며 둘째, 놀이자들이 상호 의존적, 협력적이면서도 상대방과 반대되는 역할을 해야 하고, 규칙에 따라 놀이해야 한다(Kamii & DeVries, 1980). 이 경우, 그룹게임을 정의할 때 이기기 위한 경쟁적 요소를 제외시키고 있다. 즉 게임에서 경쟁적 요소는 중요하지만, 이기는 것이 전부가 아니며 이기려고 하는 노력보다 유아가 게임에서 최선을 다 했을 때 얻을 수 있는 사회·도덕적 측면과 인지적 측면이 더 중요하기 때문이다.

겔라후와 도넬리(2003)에 의하면, 게임은 개별 운동기술과 운동기술의 조합, 동작 개념(공간의 인식, 방향의 변화, 노력의 인식, 속도의 변화, 관계 인식 등)을 응용할 기회를 유아에게 제공하며, 게임의 성격인 경쟁에 관해 '성인(adult)'의 관점과는 다르게 봐야 하는, 즉 발달적으로 적합한 경쟁(developmentally appropriate competition)을 논한다. 가령, 어떤 유아는 경쟁에 몰입하나, 또 다른 유아는 팀 경쟁을 피하거나 부끄러워한다는 것이다. 이처럼 다른 상태의 도덕적, 사회적 발달단계를 보이는 유아에 대해 교사는 발달적 요구에 민감하게 반응하며 다양한 경쟁의 정도를 이해할 필요가 있는 것이다.

겔라후와 도넬리(2003)는 발달적으로 적합한 경쟁의 보기로, 한 명의 유아가 참여하는 게임을 예시하였다. 즉 자기 자신과의 경쟁으로 '스스로 최선을 다하는(one's personal best)' 것이다. 가령 그룹으로 나누어 움직이는 후프 안에 물체를 어느 팀이 많이 넣는가가 아니라 개인별로 후프와 물체를 주어 유아 자신이 최선을 다해 얼마나 넣을 수 있는가가 중요하다.

결국, 유아에게 적합한 발달적 게임은 지나친 경쟁심을 유발하는 활동보다 유아 스스로 자신의 운동 행위에 최선을 다하고 또래와 협력, 협동하는 문제해결식의 그룹형식놀이로 진행되는 활동이라고 할 수 있다.

2) 발달적 게임의 단계

겔라후와 도넬리(2003)는 유아 및 아동의 신체발달에 적합한 발달적 게임은 기본운동과 스포츠 기술을 응용 및 강화하기 위한 교육적 도구임을 밝혔다. 비록 운동기술의 습득이 동작활동의 목적이지만, 게임은 현재의 기술 수준을 적용하고 활용하기 위한 수단으로서 제공될 수 있다는 것이다. 또한 발달에 적합한 게임의 선택과 바람직한 교수는 도덕성, 사회성, 인지능력 등 다른 중요한 목표의 달성에 효율적으로 기능한다고 역설하였다. 다음은 겔라후와 도넬리(2003)의 연구를 토대로 발달적 게임의 단계를 설명하였다.

<그림 5> 발달적 게임단계
(Gallahe & Donnelly, 2003, p.363)

가) 발달적 게임단계 I : 낮은 수준의 게임(low－level games)

발달적 게임단계 I 에 해당하는 낮은 수준의 게임은 쉬운 활동들로,
규칙이 없거나 아주 단순하며 운동기구 또한 사용하지 않거나 간단
한 것들을 활용하는 수준에 그친다. 게임은 익숙해진 기본 기술들로
이루어져 있으며, 기술을 배우는 초심자들에게 특히 적합한 수준의
게임이다. 따라서 이 단계의 활동들은 취학 전 아동에게 교육적 도구
로 적합하다.

기술의 학습과 적용적 관점에서, 낮은 수준의 게임은 기본운동기
술을 향상시킬 수 있는 영역에 따라 안정, 이동, 조작적 게임으로 분
류할 수 있다. 실제 활동의 예를 들자면, 유아가 작은 콘을 다양한 신
체부위(머리, 어깨, 무릎, 발등, 손바닥)에 쓰거나 얹고 균형을 잡아 볼

때, 콘을 바닥에 떨어뜨리지 않도록 함으로써 안정운동능력의 발달을 유도할 수 있다. 이런 활동은 안정적 게임으로 낮은 수준의 게임영역에 속한다.

나) 발달적 게임단계Ⅱ: 협력게임(cooperative games)

발달적 게임단계Ⅱ에 해당하는 협력게임은 그룹 간이 상호작용과 긍정적인 사회화를 강조하며 복잡한 게임(complex games)으로도 불린다. 이 단계는 그룹 시작(group initiatives), 그룹 문제해결 활동(group problem-solving), 그리고 신뢰 활동(trust activities)으로 나누어진다.

그룹 시작은 주어진 과제를 협력하여 해결하기 위해 중앙에 모이는 것이다. 가령, 한 줄로 서서 신호에 따라 앉거나 일어서기 등을 말한다. 그룹 문제해결 활동은 교사에 의해 주어진 문제를 해결하기 위해 아동들이 2인 이상 그룹별로 창의적인 생각을 하고 활동을 해보는 것이다. 가령, 2인 이상 그룹별로 정해진 공간을 이동할 때, 발바닥을 바닥에 닿지 않고 어떻게 갈 수 있는지 해보는 것이다. 마지막으로 신뢰 활동은 주어진 도전과제를 해결하기 위해 아동이 서로 협력해야 하는 것으로, 책임감을 느낄 정도로 충분히 성숙한 고학년의 소그룹 아동으로 구성해야 한다.

다) 발달적 게임단계Ⅲ: 리드-업 게임(lead-up games)

발달적 게임단계Ⅲ에 해당하는 리드-업 게임은 공식적인 스포츠 활동처럼 2가지 이상의 스포츠 기술과 규칙, 절차가 사용되는 활동이다. 고학년 아동에게 중요한 역할을 하는 게임으로 공식적인 스포츠보다 즐기는 데 중점을 둔다. 이러한 게임은 참가자들이 완벽한 스포츠 기술을 연습하게 한다. 기술에 도전하는 게임(skill challenge games)은 규칙이 단순하고 '얼마나 빨리, 얼마나 많이'에 초점을 둔다. 가령, 5인이 농구를 할 때, 3명은 공격하고 2명은 수비를 한다고 하면, 3명의 공격수는 공을 드리블이나 패스하지 않아도 되고 단지 림에 공을 넣으면 점수가 올라간다.

리드-업 게임 중 규칙이 복잡한 형식적인 게임(formal games)은 규칙과 전략이 중요하다. 반코트(half-court)농구나 6인이 축구를 할 경우에는 규칙과 전략이 아주 중요하게 받아들여지는 것이다.

라) 발달적 게임단계IV: 공식적 스포츠 게임(official sport games)

발달적 게임단계IV에 속하는 공식적 스포츠 게임은 팀 스포츠, 복식 스포츠, 개인 스포츠로 분류되며 공식적인 조직체계와 표준화된 경기규칙에 의해 규제되는 올림픽 종목으로 대변되는 활동들을 의미한다.

유아에게 적합한 발달적 게임은 기본운동과 지각운동의 기초영역 관련 활동에서 습득한 다양한 동작 기술들을 재미와 흥미적 요소가 함의된 게임활동을 통해 강화 및 활용함으로써 유아의 운동발달을 도모하는 것이다. 또한 지나친 경쟁심을 유발하는 경쟁적 요소가 가미된 게임보다 유아 스스로 자신의 운동 행위에 최선을 다하고 또래와 협력, 협동하는 그룹형식의 놀이로 전개되는 것이 바람직하다.

2. 교육체조

1) 교육체조(educational gymnastics)의 개념

체조는 매일의 생활 속에서 사람들이 자신의 신체를 효율적이고 안전하게 움직이는 것을 배우도록 돕는다. 체조기술을 익히게 하는 활동은 많은 영역에서 유아에게 유익하다. 체조는 신체와 공간인식, 균형감각, 이동 기술을 발달시키고 신체 통제 및 이동, 안정, 조작기술의 발달은 물론, 근력, 유연성, 민첩성, 협응력을 증진시켜주므로 궁극적으로 유아의 건강과 체력증진에 기여하는 바가 크다.

이에, 워너(Werner, 1994)는 발달에 적합한 체조는 신체비교, 협응, 민첩성, 유연성, 근력, 인내를 증진시키기 위해 고안된 도구나 마루 위에서 하는 신체운동으로 정의하고 있다(황순각, 2000, 재인용). 흔히 체조라 하면 맨손체조만을 연상하기 쉬우나 본래 체조(gymnastics)는 기구를 사용한 신체동작을 포함하는 개념인 것이다.

겔라후와 도넬리(2003)는 발달적 체조(developmental gymnastics)를 교육체조로 명명하며 성인의 올림픽-스타일(olympic-style gymnastics)의 체조와 구분한다. 교육체조는 소도구(후프, 공, 줄, 막대기, 리본 등)와 대도구(의자, 매트, 평균대, 사다리 등) 등을 유아나 아동의 신체 특성에 맞게 수정하여 사용하며, 특히 올림픽-스타일의 체조처럼 상대방과의 경쟁이 아닌 자기 자신과의 경쟁의 의미인 '자기능력테스트(self-testing)'이기에 기본적인 운동기술과 능력의 발달에 적합하다.

교육체조는 유아가 기본운동기술과 동작 개념의 발달을 위해 신체를 다양한 방식으로 탐구하는 것을 격려한다. 다음은 겔라후와 도넬리(2003)가 교육체조의 목표를 설명한 것이다.

첫째, 수렴적 및 확산적 사고와 같은 사고 기술의 활용을 강조하고, 심장혈관 및 호흡기의 인내력, 근육의 힘 및 지구력, 그리고 유연성 등 건강관련 체력 요소를 발달시킨다.

둘째, 파트너 및 소그룹의 협력을 통해 사회적 기술을 발달시키고, 중력에 대항해 신체를 조절하는 법을 배운다.

셋째, 동작 과제를 수행하며 운동기술과 동작의 개념을 적용할 수 있다.

마지막으로, 민첩성, 근력, 협응력 등 수행관련 능력을 발달시킬 수 있다.

2) 교육체조의 발달단계

겔라후와 도넬리(2003)는 교육체조의 단계를 구성하며 항목에 대한 세부적인 설명을 제시한다.

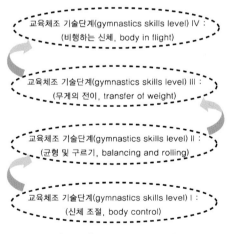

〈그림 6〉 교육체조 기술단계
(Gallahue & Donnelly, 2003, pp.618~632 내용 재구성)

가) 교육체조 기술단계(gymnastics skills level) Ⅰ : 신체 조절
   (body control)

체조 지도법에서 가장 중요한 발달적 접근방식은 교사가 유아의 사회적, 인지적, 신체적 능력을 파악하고 그 능력에 맞게 교육하는 것이다. 운동기술 학습에서 초심자(beginning / novice)수준에 속하는 유아에게는 교육체조 기술단계 Ⅰ을 향상시킨다. 즉 이동운동과 안정운동 활동을 통해 신체를 조절하는 것을 향상시켜야 하는 것이다.

이 단계는 이동운동과 안정운동 기술들이 함께 이루어지기도 하고 혼자서 혹은 2명 이상이 함께 수행하기도 한다. 이러한 활동은 후프나 뜀틀 등 대·소도구를 활용함으로써 효율적으로 이루어지기도 한다.

이 단계에 적합한 활동들로는 개별적 움직임으로 다른 신체 부위로 균형 잡기, 굽은 길을 따라 스키핑하기가 있으며, 그룹으로 움직이는 방법으로 리더나 동료와 함께 움직이기, 거울이 된 파트너처럼 움직이기가 있다. 노력을 강조하는 방법으로 속도의 변화, 갑자기 멈추거나 출발하기, 가볍게 혹은 무겁게 움직이기 등이 있고, 공간의 강조에는 다른 길을 따라 움직이기, 다른 방향으로 움직이기를 들 수 있다. 그리고 여러 동작들과 조화시키는 방법으로는 굽은 길을 따라 스키핑, 홉핑, 걷기로 변화하며 움직이기, 달리다가 건너뛰기, 겔로핑으로 가다 방향전환하기 등이 있다. 마지막으로 대·소도구와 함께 움직이는 방법은 후프 안/밖으로 움직이기, 뜀틀에서 뛰어내리기를 들 수 있다.

즉 신체, 공간, 시간, 방향 등 지각운동의 요소와 통합한 기본운동 기술을 배움으로써 신체를 조절하는 능력을 향상시키는 것에 교육체조 기술 Ⅰ의 목적이 있다.

이에, 본 연구에서도 다양한 교육체조 기술단계 I 에 해당하는 동작활동들을 통해 기본운동기술과 지각운동능력의 발달을 도모하고자 활동을 구성하였다.

나) 교육체조 기술단계(gymnastics skills level) II: 균형 및 구르기
　　(balancing and rolling)
교육체조 기술단계 II 에서는 신체 균형과 구르기에 중점을 두며, 운동기술 학습에 있어 신체 인식과 운동조절(motor control)을 또한 중요시 한다. 다음은 균형과 구르기에 관한 가능한 활동방안들이다.

a) 비전통적 균형(nontraditional balancing)
비전통적 균형은 노력, 공간, 관계, 신체 인식의 동작 구조에서 발생하고, 유아의 정적(static), 동적(dynamic) 균형 능력을 향상시키기 위한 수단이 된다.

비전통적 균형관련 활동으로는 개별적인 동작들로 매트에서 자기 공간 확보하기, 바로 혹은 거꾸로 서기가 있으며, 다른 신체 형태를 강조하는 방법으로 좁게 / 넓게 위치하기, 비틀기, 구부리기, 뻗기, 둥글게 하기 등이 있다. 관계를 강조하는 방법으로 신체 부분들 간, 파트너 혹은 그룹별 활동을 들 수 있다. 이동 기술과의 조화로는 지그재그 길을 겔로핑으로 가다 멈추기, 매트에서 세 부위의 신체로 균형 잡아보기 등이 있다. 마지막으로 운동기구 활동으로는 후프 안 / 밖에서 여러 신체부위로 균형잡기가 있다.

이 단계에서는 중력의 중심을 안정된 상태로 유지하는 안정운동기술 중에서 정적 균형(static balance)이 강조되며 이를 위해 다양한 대·

소도구들이 사용된다. 가령, 유아가 평균대 위에서 한 발로 균형을 잡아보는 자세는 정적 균형의 보기이다.

b) 파트너와의 균형(counterbalance)과 파트너와의 긴장(counter-tension)

파트너와의 균형은 무게와 힘이 파트너를 향할 때 발생하는 것으로, 서 있는 자세에서 서로 손을 맞대어 미는 경우를 들 수 있다.

반면, 파트너와의 긴장은 전자의 경우와 반대의 경우로, 무게와 힘이 파트너로부터 나올 때 발생한다. 가령, 파트너와 손을 잡고 서로 당기는 경우를 들 수 있다.

c) 전통적 균형(traditional balancing)

전통적 균형은 물구나무서기와 같은 것으로, 안전에 주의하며 조심스럽게 진행되어야 한다. 물구나무의 경우, 머리를 매트에 대고 손을 머리 옆에 두는 등 예비 단계(preparation phase)를 거친 후 한 발을 들어 올리고 다음 발을 올리는 등의 실행 단계(execution phase)를 밟게 된다. 다음으로, 회복 단계(recovery phase)를 거치며 발을 천천히 매트 위에 내려놓게 된다.

d) 구르기(rolling)

구르기는 교육체조에서 무게를 포함하는 동적 균형능력을 신장하는 방법이다. 구르기에는 옆구르기, 앞구르기, 뒤구르기가 있으며 다음과 같은 단계를 밟는다.

유아가 옆구르기 동작을 할 때, 예비 단계에서는 매트에서 몸을 쭉 펴고 근육은 가능한 팽팽하게 수축시킨다. 그리고 팔은 머리 위로 뻗는다. 다음 실행 단계에서는 팔과 엉덩이, 몸 중심으로부터의 에너지를 사용해서 옆으로 구른다. 마지막, 회복 단계는 처음의 예비자세로 돌아오게 한다.

앞구르기의 경우, 준비 단계에서 양손은 매트 위에 놓고, 엉덩이는 들며, 머리는 숙이고 신체 무게는 가볍게 앞으로 향한다. 다음 실행 단계에서는 발을 밀고, 힘을 발생시키기 위해 양손의 사용과 함께 머리 위로 엉덩이를 밀도록 한다. 뒤통수, 어깨, 등의 순서로 매트에 닿게 한다. 이때 무릎은 구부린 상태여야 한다. 마지막으로 회복 단계는 무릎을 가슴 쪽으로 움츠리고, 팔은 쭉 뻗고 가슴을 들어 올리며 신체를 일으킨다.

뒤구르기는 예비 단계에서 무릎을 가슴 쪽으로 당겨 신체를 둥글게 만들고, 머리는 아래쪽을 향하며, 턱은 가슴 쪽으로 당긴다. 이때, 양손은 귓가에 위치시키고 손가락은 쫙 편다. 다음 실행 단계에서는 힘을 발생시키기 위해 발을 민다. 뒤로 구르며, 무릎은 가슴 쪽으로 당긴다. 이때, 무릎은 계속 가슴 쪽으로 위치하며, 손은 매트 위에 두고, 힘을 발생시키기 위해 강하게 민다. 마지막으로 회복 단계에서의 착지는 양발이 동시에 닿게 한다. 손과 팔은 예비 자세와 같이 귓가에 위치하고 무릎 또한 여전히 가슴 쪽으로 당겨있도록 한다.

다) 교육체조 기술단계(gymnastics skills level)Ⅲ: 무게의 전이
   (transfer of weight)

무게의 전이는 신체의 한 부분으로부터 무게를 옮겨 다른 부위로 갔을 때 무게 간에 어떤 일이 발생했는가를 살피는 것이다. 즉 유지되는 두 지점 사이에서 신체가 어떻게 움직이는가에 관한 것이다(Mauldon &

Layson, 1979). 손으로부터 발까지 무게의 전이가 이루어지는 방식에는 공간 활용으로 다양한 신체 표현(구부리기, 뻗기, 넓게, 좁게)방법이 있으며, 느리게/빠르게 혹은 가능한 가볍게 착지하기 등의 다양한 방법을 몸에 익혀야 한다. 개별적/파트너와 함께 하는 방법도 있고, 대·소도구를 함께 사용하는 방법도 있다.

무게를 전이하는 방법은 여러 가지가 있을 수 있다. 낮은 평균대를 두거나 줄을 달아놓고 손을 짚고 옆으로 넘어본다든가, 타이어나 평균대를 꽃게처럼, 곰처럼 걸어봄으로써 알 수도 있다. 또한 손은 후프 안에 두고 발을 밀며 후프를 넘어볼 수도 있다. 이 모든 방법은 활동하는 유아가 구성요소 간의 관계를 인식할 때 효과적으로 할 수 있다.

라) 교육체조 기술단계(gymnastics skills level)IV: 비행하는 신체
(body in flight)

이 단계는 아주 발달된 운동기술 학습단계로, 바닥과 같은 지지면에 신체 접촉이 없는 상태를 의미한다. A, B단계의 비행 기술로 나눌 수 있는데, A단계는 자신의 신체를 거꾸로 할 수 있고, 신체가 공간에 있다는 것을 아는 상태로, 날아 구르기와 같은 것이 있다. 반면, B단계는 의자에서 점프하는 것과 같이 도약력과 근육의 강도, 신체협응이 적게 요구된다.

A단계 비행기술로는 옆으로 재주넘기, 핸드스프링, 날아 구르기와 같은 동작들이 있고, B단계 비행기술로는 점핑, 리핑, 겔로핑, 슬라이딩, 스키핑 등이 있다.

유아에게는 겔라후와 도넬리(2003)가 제시한 교육체조 기술의 체험이 필요하다. 유아는 움직이면서 신체조절과 균형유지, 무게의 전이

를 자연스럽게 배우게 된다. 다만, 뒤구르기나 A단계 비행기술과 같은 어려운 동작기술들은 배제하거나 일부 수정이 가해져 적용되어야 할 부분이 있다. 가령 옆으로 재주넘기는 줄을 낮게 설치해 유아가 양손을 바닥에 짚고 발을 차며 줄을 넘어본다든가, 엎드린 유아의 등에 손을 가볍게 짚고 엉덩이 밖 공간으로 발을 차서, 넘어본다든가 하는 방법이 가능하다.

발달적 게임과 교육체조를 통합한
유아동작교육활동 구성

Ⅰ. 개념

발달적 게임과 교육체조를 통합한 유아동작교육활동이란 지각운동 요소가 함의된 기본운동의 기초영역관련 활동과 발달적 게임 및 교육체조 중심의 응용영역관련 활동이 통합됨을 의미한다.

유아에게 적합한 발달적 게임은 기본운동과 지각운동의 기초영역 관련 활동에서 습득한 다양한 동작 기술들을 재미와 흥미적 요소가 함의된 게임 활동을 통해 강화 및 활용함으로써 유아의 운동발달을 도모하는 것이다. 또한 발달적 게임은 지나친 경쟁심을 유발하는 경쟁적 요소가 가미된 게임보다 유아 스스로 자신의 운동 행위에 최선을 다하고 또래와 협력, 협동하는 그룹형식의 놀이로 전개된다(Gallahue & Donnelly, 2003).

교육체조는 소도구와 대도구를 유아의 신체 특성에 맞게 개조하여 사용하며, 특히 성인주도의 올림픽－스타일의 체조처럼 상대방과의 경쟁이 아닌 자기 자신과의 경쟁의 의미인 '자기능력 테스트(self－testing)'이다(Gallahue & Donnelly, 2003). 즉 평균대를 다양한 방법으로 건너보면서 또래들보다 '더 빨리' 건너가는 것이 목적이 아니라 '평균대 끝까지 갈 수 있으려면 어떻게 균형을 잡고, 어떻게 걸음을 걸어야 하는지 스스로 느끼고, 자신의 능력을 테스트 해보는' 자기 테스트과정이다.

유아기의 발달적 게임과 교육체조는 유아 스스로 자신의 운동 행위에 최선을 다하고 또래와 협력하여 활동하는 과정에서 문제를 해결해 나가는 신체활동이다.

Ⅱ. 구성원리

　발달적 게임과 교육체조를 통합한 유아동작교육활동 구성은 겔라후와 도넬리(2003)의 연구를 참고로, 교육과정의 순환적 4단계에 근거한다. 즉 유아를 위한 동작교육활동의 목적 및 목표설정 단계, 목적과 목표를 성취할 수 있는 교육내용 조직 단계, 조직한 내용을 교수전략 및 교수원리를 적용하여 효율적으로 제시하는 교수·학습 단계 그리고 평가의 단계로 구성된다.

　교육내용은 제6차 유아교육과정 '건강생활영역'의 감각 기관의 활용, 신체를 인식하고 움직이기, 이동운동·비이동운동·조작운동의 기본운동능력, 그리고 신체활동에 참여하기의 내용과 '표현생활영역'에서 제시한 신체 각 부분의 다양한 움직임 탐색 및 다양한 도구를 이용한 움직임 탐색하기 내용을 중심으로(교육부, 1999) 유치원 연간 생활주제와 통합이 된다. 즉 월 주제가 4개의 활동 소주제로 나누어지면서 서로 통합되어 운동경험을 재구성할 수 있도록 함으로써 운동능력을 증진시킬 수 있어야 한다.

　이상의 선행연구를 배경으로 본 발달적 게임과 교육체조를 통합한 동작교육활동의 구성 원리를 정리하면 다음과 같다.

첫째, 본 연구는 제6차 유아교육과정의 '건강생활영역'과 '표현생활영역'에서 제시된 목표와 하위 내용에 따라 구성하였다.

둘째, 본 연구는 유치원의 연간 생활주제와 통합되도록 구성하였다.

셋째, 본 연구는 기초영역에서 지각운동 요소를 중심으로 한 기본운동을, 응용영역에서 다양한 대·소도구를 활용한 발달적 게임과 교육체조를 실시하며 기초영역과 응용영역이 통합적으로 이루어지도록 하였다.

넷째, 본 연구는 유아의 기본운동능력, 지각운동능력, 기초체력과 신체적 자아개념 발달을 이루도록 통합적인 방향으로 구성하였다.

Ⅲ. 목적 및 목표

　발달적 게임과 교육체조를 통합한 유아동작교육을 구성함에 있어 구체적인 목적과 목표를 설정하는 것은 운동 수행능력을 향상시킬 뿐만 아니라 무엇을 달성할 것인지에 대한 명확성을 제시하며 목표에 도달하려는 신념과 수행을 통한 자신감 및 만족감을 경험하게 하기 때문에 매우 중요하다(Locke & Latham, 1985). 또한 동작교육의 구체적인 내용과 방법, 평가 등의 구성 및 되돌아볼 수 있게 하는 준거의 틀이 되기에 신중히 고려해야 할 부분이다.

　제6차 유치원 교육과정에서 동작교육과 관련한 '건강생활영역'과 '표현생활영역'에서 제시하는 목적과 목표를 살펴보면, '건강생활영역'은 자신의 신체에 대한 긍정적인 인식과 함께 생활에 필요한 기초체력을 기르고, 건강하고 안전한 생활습관을 가진다는 목적하에 첫째, 다양한 신체활동과 감각 경험을 통하여 자신의 신체와 주변 세계를 인식하는 데 필요한 기초능력을 기른다. 둘째, 신체활동에 즐겁게 참여함으로써 기본적인 운동능력을 기르고 기초체력을 증진한다. 셋째, 건강과 안전에 관련된 지식과 기술을 익힘으로써 건강하고 안전한 생활 습관을 가진다. 넷째, 신체활동에 즐겁게 참여함으로써 건강한 정신을 기른다는 목표를 두고 있다.

'표현생활영역'에서는 자연과 사물의 예술적 요소에 대한 호기심, 창의적 표현능력, 심미감을 기르고 정서적 안정감을 가진다는 목적하에 첫째, 자연과 사물의 예술적 요소들을 탐색함으로써 호기심을 기른다. 둘째, 다양한 활동을 통해 생각과 느낌을 표현함으로써 창의적 표현능력을 기르고 정서적 안정감을 가진다. 셋째, 자연과 사물 및 다양한 작품들을 감상함으로써 풍부한 감성과 심미감을 기른다는 목표를 설정하고 있다(교육부, 1999).

마에하시 아키라(前橋 明, 2007)는 유아동작활동의 목표가 운동의 실천을 통해 운동기능의 향상을 꾀하는 것이 주목적이 아니라 유아가 어떤 마음의 움직임을 체험했는가, 어떤 기분을 체험했는가라는 '마음의 작용'의 체험의 장을 갖게 하는 것이 최우선하여야 한다고 주장하였다. 겔라후와 도넬리(2003)는 동작활동의 목적을 움직임을 위한 학습(learning to move)과 움직임을 통한 학습(learning through movement)으로 구분하여 설명하였다. 전자는 움직임 자체가 곧 목적이며 후자는 움직임을 수단으로 또 다른 목적을 설정하고 있다. 움직임 자체의 목적으로는 첫째, 이동운동, 안정운동, 조작운동 등 기본운동과 움직임의 기술과 관련한 운동측면의 발달과 건강관련 체력 및 수행관련 체력 등 기초체력의 향상이 있다. 지각운동학습과 관련한 인지적 측면의 발달과 자아개념과 긍정적인 사회화와 관련된 정의적 측면의 발달은 움직임을 통해 학습되는 것이다.

이상 동작교육과 관련한 목적과 목표에 대해 정리해 보면, 유아를 대상으로 하는 동작교육 활동은 유아의 정신과 신체가 분리되지 않은, 즉 '하나된 온 몸'의 전인적 발달이란 역할을 담당하며 이것이 곧 목적이 될 것이다.

이상에 근거하여 구성한 본 발달적 게임과 교육체조를 통합한 동작교육활동의 구체적인 목표는 다음과 같다.

첫째, 발달적 게임과 교육체조를 통합한 동작교육활동을 통해 유아의 기본운동능력의 발달을 돕는다.

둘째, 발달적 게임과 교육체조를 통합한 동작교육활동을 통해 유아의 지각운동능력의 발달을 돕는다.

셋째, 발달적 게임과 교육체조를 통합한 동작교육활동을 통해 유아의 기초체력의 향상을 돕는다.

넷째, 발달적 게임과 교육체조를 통합한 동작교육활동을 통해 유아의 신체적 자아개념의 향상을 돕는다.

Ⅳ. 교육내용

유아동작교육 내용은 기초영역과 응용영역으로 나누어진다. 지각 운동과 기본운동 중심으로 실시되는 기초영역과 게임, 체조, 신체표 현 중심의 응용영역이 그것이다(김은심, 1995; Gabbard, 1988; Gallahue, 1993; Graham, Holt-Hale & Parker, 1993).

기초영역 중 기본운동은 운동능력과 운동기술을 발달시키기 위한 이상적인 시기(Hurlock, 1972)인 유아기에 필요한 기본적인 동작교육 활동이다. 기본운동은 안정운동, 이동운동, 조작운동으로 분류된다.

겔라후(1996)에 의하면, 운동능력은 반사적 동작기(reflexive movement phase), 초보적 동작기(rudimentary movement phase), 기본적 동작기(fundamental movement phase), 전문적 스포츠와 관련된 동작기(specialized sports-related movement skill phase)의 4단계를 거치면서 발달이 이루어진다. 이중, 2세에서 7세까지 기본적 동작기에 속하는 유아들은 안정된 직 립자세로 원하는 장소로 이동할 수 있고 발달된 조작능력으로 많은 사물을 탐색, 실험해 볼 수 있게 되어 뛰고, 달리고, 올라가고, 공을 던지거나 잡을 수 있게 된다. 각종 스포츠나 레크리에이션 등 보다 전문화되고 복잡한 운동능력이 요구되는 스포츠와 관련된 동작기의 활동을 하기 위해서는 유아기에 다양한 기본운동을 체험하고 그 능력을 발달시켜야 한다.

지각운동은 지각능력이 부족한 유아기에 운동을 통해 지각능력과 운동능력을 발달시키며, 외부 세계와 학습정부를 정확히 지각하고 대처하는 능력을 발달시키기 위한 유아 동작교육활동으로 중요시되고 있다(박대근, 2006).

케파트는 운동 학습이 모든 학습의 기초이며, 동작활동은 학습 준비도에 영향을 준다고 지적하였다(Kephart, 1964). 운동 일반론(motor generalization)을 역설하며 자세, 평형운동, 이동운동, 조작운동 등도 강조하였다. 몸의 중심을 잘 유지하지 못하는 아동은 정확한 지각적 판단을 하기 어렵고, 걷기 형태가 서툰 아동은 많은 시간을 그의 발의 움직임을 주시하는 데 소비함으로써 주변 세계를 효과적으로 조직하기 어려워, 지각적으로 장애를 갖게 된다고 하였다.

델라카토(Delacato, 1963)는 유아기 뇌의 발달에 따라 특정한 운동형태가 나타난다는 사실을 발견하였다. 또한 여러 가지 다양한 운동을 하게 되면 그 결과가 그러한 운동 형태를 조정하고 있는 뇌 부분을 자극하여 뇌 세포의 기능을 활발하게 촉진시킨다는 사실도 입증하였다. 지각운동 학습은 일상생활에서 할 수 있는 많은 운동을 하게 함으로써 뇌의 발달이 가장 많이 이루어지고 있는 유아기의 뇌 발달을 돕고자 하는 것에 의의가 있는 것이다(윤정숙, 변영신, 1997, 재인용).

응용영역 중 게임은 그 개념을 정의하기가 쉽지 않지만, 바멜과 바멜은 "게임에는 보편적인 두 가지 특성이 있는데, 게임은 경쟁을 하는 것이고 규칙이 있다는 것이다. 그리고 보통 게임에 수반되는 속성으로는 장소(place), 장비(equipment), 시간(time), 인위성(artificial)과 즐거움(for fun)이 있다"라고 기술하며 게임이 지니는 성격을 '경쟁과 규칙'으로 간명하게 나타내었다(Bammel & Bammel, 1982). 그러나 이 관점은 성인을 대상으로 한 게임에서 쉽게 발견되는 속성들이며, 유아대상 게임에서는 그 속성을 달리할 필요가 있다.

유아기에는 경쟁적 게임보다 협동적 게임이 바람직하며 유아에게 긍정적 영향을 미칠 수 있음을 주장한 연구들에서(이영자, 이종숙, 신은수, 2005; 최기영, 노숙자, 2005; Cartwright, 1993; Day, Leeper & Witherspoon, 1984) '협동·협력'이란 게임의 또 다른 속성을 유추할 수 있다. 게임에서 경쟁적 요소는 중요하지만, 이기는 것이 전부가 아니며 이기려고 하는 노력보다 유아가 게임에서 최선을 다하고, 서로 협력하는 과정에서 얻을 수 있는 사회·도덕적 측면과 인지적 측면이 더 중요하기 때문이다.

이에, 겔라후와 도넬리(2003)는 유아기에 적합한 게임을 발달적 게임이라 명명하고, 경쟁 지향적 게임보다 문제해결식의 상호 협력적·협동적 게임을 권하였다. 즉 유아기의 발달적 게임이란 기본운동과 지각운동의 기초영역에서 습득한 다양한 동작 기술들을 재미와 흥미적 요소가 함의된 게임 활동을 통해 강화 및 활용함으로써 유아의 운동발달을 도모한다는 것이다. 또한 발달적 게임은 지나친 경쟁심을 유발하는 경쟁적 요소가 가미된 게임보다 유아 스스로 자신의 운동행위에 최선을 다하고 또래와 협력, 협동하는 그룹형식의 놀이가 되어야 한다는 것이다(Gallahue & Donnelly, 2003).

체조(gymnastics)는 짐네스틱케(gymnastikē)라는 그리스어에서 비롯되었다. 짐네스틱케는 '벌거숭이의'를 뜻하는 김노스(gymnos)와 달리기, 뛰기, 던지기, 권투, 레슬링 등 벌거숭이인 채 행하던 장소인 김나지온(gymnasion)에서 '웃통을 벗은 상태로'라는 뜻의 두 어원을 지녔다(김복희, 오동섭, 2001). 이 후 짐네스틱케는 20세기에 들어와 독일어로 김나스틱(gymnastik), 영어로 짐내스틱스(gymnastics)로 일컬어지게 되었다.

짐네스틱케의 본래적 의미는 테크네(techne)의 기초를 만드는 기술의 신체수련과 정신적인 영혼(soul)을 다루는 것을 뜻하였다(이찬주, 2002). 체조, 즉 짐네스틱스의 어원인 짐네스틱케는 단지 신체교육에서만 끝나는 것이 아니라 영혼의 육성과 조화를 의미하는 포괄적인 개념이었던 것이다. 체조의 본래적 의미는 유아동작교육에 시사하는 바가 크다. 체조를 유아들의 몸을 이완시켜주거나, 근력, 유연성, 민첩성 등의 기초체력을 증진시키며, 인내심을 키워주기 위해서 실시한다는 신체 교육적 차원은 물론, 유아의 영혼을 육성시켜 줄 수 있다는 전인적 교육차원에서 바라보아야 한다는 것이다.

이런 관점에서, 겔라후와 도넬리(2003)가 제시한 교육체조는 중요한 의미를 갖는다. 교육체조는 성인의 올림픽-스타일의 체조와는 구분된다. 올림픽-스타일의 체조는 전통적으로 직접적인 교수법을 통해 이미 제정된 연기 기준에 따라 체조 기술을 완벽하게 구사하는 것을 강조한다. 또한 도마, 평행봉, 링 등 고가의 특정한 규격의 기구를 사용하게 되어 있어 아동들이 신체적으로 수행하기에는 어렵다.

반면, 교육체조는 소도구(후프, 공, 줄, 막대기, 리본 등)와 대도구(의자, 매트, 평균대, 사다리 등) 등을 유아나 아동의 신체 특성에 맞게 수정하여 사용하며, 특히 올림픽-스타일의 체조처럼 상대방과의 경쟁 지향적 활동이 아닌 자기 자신의 능력을 체험해보는 '자기능력 테스트(self-testing)'이기에 기본적인 운동기술 및 능력의 발달에 적합하다. 교육체조의 목표가 건강관련 체력요소의 발달뿐만 아니라, 소그룹의 협력활동을 통해 사회적 기술과 정서적 안정감도 발달시킨다는 측면에서(Gallahue & Donnelly, 2003) 짐네스틱케의 본래적 의미를 담고 있다고 할 수 있다.

신체표현의 개념에 대해서는 먼저, 린츠 프레이저(Lynch Fraser, 1982)는 유아가 자신의 내적감정이나 상태를 그대로 반영하는 활동을 신체표현활동으로 정의하였다(서지아, 2006, 재인용). 데버는 유아가 신체를 움직일 때 얻은 모든 경험의 합이 신체표현이며, 이것은 배우기 위하여 움직이는 것인 동시에 움직이기 위해 배우는 것이라고 하였다(Daver, 1972). 김재은(1998)은 신체표현이란 어떤 느낌을 신체를 통해 나타내는 것이라고 밝혔으며, 나하나, 이효영, 이미란(1998)은 인간의 신체적 움직임 위에 내면 상태의 어떤 정보를 담아서 표현하는 것이라고 하였다. 즉, 신체표현이란 유아가 자신의 내면의 느낌이나 감정, 정서, 보고 들은 모든 경험의 합을 신체를 통해 표현하는 것이다.

신체표현은 표현의 주도성 소재 여부에 따라 창의적 신체표현(창작율동)과 시범율동으로 나누어진다(김은심, 1995). 창의적 신체표현이란 풍부한 상상력과 창의력을 발휘하여 즉흥적으로 표현하는 신체움직임이며(Gallahue, 1996), 유아를 위한 춤의 한 형태로 유아가 동작을 통해 자신의 생각을 다른 사람에게 전달하는 방법이기도 하다(Stinson, 1988). 창의적 신체표현은 시범과 설명을 통해 제시된 동작을 모방하는 활동이 아니라 유아가 자신감을 갖고 탐색하는 과정을 통해 유아 나름대로의 독특한 동작으로 표현하는 것이 중요시된다(Mayesky, 1995).

교사 주도식의 시범율동과 달리, 창의적 신체표현활동은 신체적인 표현을 통해 유아 자신이 경험한 내적인 세계와 다른 사람과의 관계, 외부 사물과의 관계 등을 표현할 수 있는 기회를 제공받기 때문에 유아기에 특히 중요한 활동으로 받아들여지고 있다(김은심, 1995).

유아동작교육의 응용영역에 속하는 게임, 체조, 신체표현 등은 기본운동과 지각운동의 기초영역관련 활동을 통해 충분한 탐색과 경험, 연습이 이루어진 후에야 더욱 성숙된 동작들과 운동기술들이 나타날 수 있다. 이에 기초영역과 응용영역의 통합이 중요하다.

외국 선행연구들의 경우, 교육내용으로 기본운동과 지각운동관련 기초영역과 게임, 체조, 댄스, 리듬활동 등의 응용영역으로 구성하고 있었다(Gabbard, Lowy & Leblanc, 1987; Logsdon, 1997; Sanders, 1992). 그러나 국내 선행연구들을 살펴보면, 기초영역과 신체표현 중심의 응용영역과의 통합관련 연구들은 지속적으로 이루어지고 있으나, 게임과 체조 등 다른 응용영역과의 통합은 부족한 형편이었다.

겔라후와 도넬리(2003)는 유아기에 적합한 게임과 체조를 발달적 게임과 교육체조로 명명하고 체력이나 감각운동기술, 다양한 동작을 향상시킬 수 있는 도구로 보았다. 따라서 신체표현활동뿐만 아니라 유아 운동능력의 발달을 위해서는 기초영역과 통합한 발달적 게임과 교육체조 중심의 응용영역도 교육내용으로 구성하여야 할 것이다.

발달적 게임과 교육체조를 통합한 유아동작교육활동의 교육내용 선정은 겔라후와 도넬리(Gallahue & Donnelly, 2003)의 '아동을 위한 발달적 체육(Developmental Physical Education for all children)', 김은심 (2004)의 '4세에서 6세까지 유아를 위한 동작활동의 이론과 실제', 전 인옥, 이현균(2001)의 '유아체육활동의 이론과 실제', 이순형(2002)의 '만 4·5세 체육활동 프로그램', 김유미(1999)의 '두뇌체조' 중 유아 발 달에 적합한 체조와 대·소도구활용 신체활동 및 게임을 중심으로 참 고하였다.

신체활동들에 필요한 도구는 유치원 현장에 구비되어 있는 것을 적극적으로 활용하되, 주제와 관련한 활동 중에 부족한 도구는 연구 자와 보조연구자가 생활 재활용품 및 유아용품들을 이용하여 적용하 거나 재료를 이용해 직접 제작하기도 하였다. 또한 활동에 필요한 음 악은 현장 유치원교사 및 현장 체육지도자들과의 협의를 거쳐 준비 하였다.

본 활동의 교육내용 조직은 크게 발달 적합성의 원리, 나선형의 원 리, 통합성의 원리를 고려하였다.

첫째, 발달 적합성의 원리에 따라 교육내용이 유아의 수준과 발달 및 흥미에 부합하는지를 파악하고 활동을 구성하였다.

둘째, 나선형의 원리에 따라 다양한 신체활동이 단계적으로 심화 학습될 수 있도록 나선형으로 활동의 내용을 계열화하여 구성하였다. 단순한 동작에서 복잡한 차원의 대·소도구 활용 활동으로 서로 유기 적인 연결이 되도록 조직함으로써 단계적으로 심화할 수 있도록 하 였다.

셋째, 통합성의 원리, 즉 균형과 조화의 원리로써 지각운동요소를 고려한 기본운동, 기초체력과 두뇌발달에 근거한 체조, 대·소도구를 활용한 발달적 게임 및 교육체조 등 기초영역과 응용영역 활동이 다양하게 동작활동의 내용으로 구성되어 활동영역 간의 균형과 조화를 이루도록 활동의 주제를 선정하고 내용체계를 구성하도록 하였다.

이러한 원리에 의해 본 활동은 만 5세 유아를 대상으로 총 34개의 활동을 구성하였으며, 구성한 내용은 다음 <표 4>와 같다.

〈표 4〉 발달적 게임과 교육체조를 통합한 유아동작교육활동 교육내용

횟수	생활 주제	활동명	교육활동 요소	
			발달적 게임과 교육체조	
			발달적 게임의 단계와 내용	교육체조의 단계와 내용
1	3월 즐거운 유치원	풍선을 높이 높이!	발달적 게임Ⅰ-안정운동과 조작운동의 낮은 수준게임 발달적 게임Ⅱ-협력게임의 그룹시작 발달적 게임Ⅱ-협력게임의 그룹 문제해결 활동	교육체조기술Ⅰ-신체조절 교육체조기술Ⅱ-비전통적 균형
2		개인 풍선 전달!	발달적 게임Ⅰ-조작운동의 낮은 수준게임 발달적 게임Ⅱ-협력게임의 그룹시작 발달적 게임Ⅱ-협력게임의 그룹 문제해결 활동	교육체조기술Ⅰ-신체조절 교육체조기술Ⅱ-비전통적 균형
3		단체 풍선 전달	발달적 게임Ⅰ-조작운동의 낮은 수준게임 발달적 게임Ⅱ-협력게임의 그룹시작 발달적 게임Ⅱ-협력게임의 그룹 문제해결 활동	교육체조기술Ⅰ-신체조절 교육체조기술Ⅱ-비전통적 균형 교육체조기술Ⅲ-무게의 전이 교육체조기술Ⅳ-비행하는 신체
4		무지개 낙하산 흔들며 돌기!	발달적 게임Ⅰ-이동운동의 낮은 수준게임 발달적 게임Ⅱ-협력게임의 그룹시작 발달적 게임Ⅱ-협력게임의 그룹 문제해결 활동	교육체조기술Ⅰ-신체조절

횟수	생활 주제	활동명	교육활동 요소	
			발달적 게임과 교육체조	
			발달적 게임의 단계와 내용	교육체조의 단계와 내용
5	4월 봄 / 색과 모양	개구리처럼 점핑!	발달적 게임Ⅰ-이동운동의 낮은 수준게임 발달적 게임Ⅱ-협력게임의 그룹시작 발달적 게임Ⅱ-협력게임의 그룹 문제해결 활동	교육체조기술Ⅰ-신체조절 교육체조기술Ⅱ-비전통적 균형 교육체조기술Ⅲ-무게의 전이 교육체조기술Ⅳ-비행하는 신체
6		모양 나라!	발달적 게임Ⅰ-안정운동의 낮은 수준게임 발달적 게임Ⅱ-협력게임의 그룹시작 발달적 게임Ⅱ-협력게임의 그룹 문제해결 활동	교육체조기술Ⅰ-신체조절
7		고무줄 밴드로 모양을 만들자!	발달적 게임Ⅰ-안정운동의 낮은 수준게임 발달적 게임Ⅱ-협력게임의 그룹시작 발달적 게임Ⅱ-협력게임의 그룹 문제해결 활동	교육체조기술Ⅰ-신체조절 교육체조기술Ⅱ-파트너와의 힘의 균형과 긴장
8		봄나들이!	발달적 게임Ⅰ-안정운동과 이동운동의 낮은 수준게임 발달적 게임Ⅱ-협력게임의 그룹시작 발달적 게임Ⅱ-협력게임의 그룹 문제해결 활동	교육체조기술Ⅰ-신체조절 교육체조기술Ⅱ-균형 및 구 르기 중 옆구르기
9	5월 나와 가족	떼구르르 굴러! 엄마, 아빠에게로	발달적 게임Ⅰ-안정운동의 낮은 수준게임 발달적 게임Ⅱ-협력게임의 그룹시작 발달적 게임Ⅱ-협력게임의 그룹 문제해결 활동	교육체조기술Ⅰ-신체조절 교육체조기술Ⅱ-균형 및 구 르기 중 앞구르기
10		공이 내 몸을 지나가요!	발달적 게임Ⅰ-조작운동의 낮은 수준게임 발달적 게임Ⅱ-협력게임의 그룹시작 발달적 게임Ⅱ-협력게임의 그룹 문제해결 활동	교육체조기술Ⅰ-신체조절 교육체조기술Ⅱ-비전통적 균형

횟수	생활 주제	활동명	교육활동 요소	
			발달적 게임과 교육체조	
			발달적 게임의 단계와 내용	교육체조의 단계와 내용
11	5월 나와 가족	나는 잘 넘어요!	발달적 게임 I - 이동운동의 낮은 수준게임 발달적 게임 II - 협력게임의 그룹시작 발달적 게임 II - 협력게임의 그룹 문제해결 활동	교육체조기술 I - 신체조절 교육체조기술 II - 비전통적 균형 교육체조기술 III - 무게의 전이 교육체조기술 IV - 비행하는 신체
12		신체부위로 볼링을!	발달적 게임 I - 이동운동의 낮은 수준게임 발달적 게임 II - 협력게임의 그룹시작 발달적 게임 II - 협력게임의 그룹 문제해결 활동	교육체조기술 I - 신체조절 교육체조기술 II - 비전통적 균형 교육체조기술 III - 무게의 전이 교육체조기술 IV - 비행하는 신체
13	6월 이웃 및 지역사회	우리 동네	발달적 게임 I - 이동운동의 낮은 수준게임 발달적 게임 II - 협력게임의 그룹시작 발달적 게임 II - 협력게임의 그룹 문제해결 활동	교육체조기술 I - 신체조절 교육체조기술 II - 비전통적 균형 교육체조기술 III - 무게의 전이 교육체조기술 IV - 비행하는 신체
14		소방관이 되었어요!	발달적 게임 I - 이동운동의 낮은 수준게임 발달적 게임 II - 협력게임의 그룹시작 발달적 게임 II - 협력게임의 그룹 문제해결 활동	교육체조기술 I - 신체조절 교육체조기술 II - 비전통적 균형 과 균형 및 구르기 중 앞구르기
15		체육, 헬스장!	발달적 게임 I - 이동운동의 낮은 수준게임 발달적 게임 II - 협력게임의 그룹시작 발달적 게임 II - 협력게임의 그룹 문제해결 활동	교육체조기술 I - 신체조절 교육체조기술 II - 파트너와의 힘 의 균형과 긴장
16		몸이 불편한 친구 돕기!	발달적 게임 I - 안정운동과 이동운동의 낮은 수준게임 발달적 게임 II - 협력게임의 그룹시작 발달적 게임 II - 협력게임의 그룹 문제해결 활동	교육체조기술 I - 신체조절 교육체조기술 II - 비전통적 균형 교육체조기술 III - 무게의 전이 교육체조기술 IV - 비행하는 신체

횟수	생활 주제	활동명	교육활동 요소	
			발달적 게임과 교육체조	
			발달적 게임의 단계와 내용	교육체조의 단계와 내용
17		악어에게 이름을 지어주자!	발달적 게임 I - 안정운동과 이동운동의 낮은 수준게임 발달적 게임 II - 협력게임의 그룹시작 발달적 게임 II - 협력게임의 그룹 문제해결 활동	교육체조기술 I - 신체조절
18	7월 동물과 곤충	따라쟁이 원숭이!	발달적 게임 I - 안정운동의 낮은 수준게임 발달적 게임 II - 협력게임의 그룹시작 발달적 게임 II - 협력게임의 그룹 문제해결 활동	교육체조기술 I - 신체조절 교육체조기술 II - 비전통적 균형 교육체조기술 III - 무게의 전이 교육체조기술 IV - 비행하는 신체
19		여우야 여우야 뭐 하니!	발달적 게임 I - 조작운동의 낮은 수준게임 발달적 게임 II - 협력게임의 그룹시작 발달적 게임 II - 협력게임의 그룹 문제해결 활동	교육체조기술 I - 신체조절 교육체조기술 II - 비전통적 균형 교육체조기술 III - 무게의 전이
20		거미줄을 지나가자!	발달적 게임 I - 이동운동의 낮은 수준게임 발달적 게임 II - 협력게임의 그룹시작 발달적 게임 II - 협력게임의 그룹 문제해결 활동	교육체조기술 I - 신체조절 교육체조기술 II - 비전통적 균형 교육체조기술 III - 무게의 전이 교육체조기술 IV - 비행하는 신체
21	9월 도구와 기계	줄사다리!	발달적 게임 I - 이동운동의 낮은 수준게임 발달적 게임 II - 협력게임의 그룹시작 발달적 게임 II - 협력게임의 그룹 문제해결 활동	교육체조기술 I - 신체조절 교육체조기술 II - 비전통적 균형 교육체조기술 III - 무게의 전이 교육체조기술 IV - 비행하는 신체
22		집게!	발달적 게임 I - 안정운동과 조작운동의 낮은 수준게임 발달적 게임 II - 협력게임의 그룹시작 발달적 게임 II - 협력게임의 그룹 문제해결 활동	교육체조기술 I - 신체조절 교육체조기술 II - 비전통적 균형

횟수	생활 주제	활동명	교육활동 요소	
			발달적 게임과 교육체조	
			발달적 게임의 단계와 내용	교육체조의 단계와 내용
23	9월 도구와 기계	우유팩으로 공받기!	발달적 게임Ⅰ-조작운동의 낮은 수준게임 발달적 게임Ⅱ-협력게임의 그룹시작 발달적 게임Ⅱ-협력게임의 그룹 문제해결 활동	교육체조기술Ⅰ-신체조절 교육체조기술Ⅱ-비전통적 균형 교육체조기술Ⅲ-무게의 전이
24		공치기!	발달적 게임Ⅰ-조작운동의 낮은 수준게임 발달적 게임Ⅱ-협력게임의 그룹시작 발달적 게임Ⅱ-협력게임의 그룹 문제해결 활동	교육체조기술Ⅰ-신체조절
25	10월 가을	사과 따기!	발달적 게임Ⅰ-조작운동의 낮은 수준게임 발달적 게임Ⅱ-협력게임의 그룹시작 발달적 게임Ⅱ-협력게임의 그룹 문제해결 활동	교육체조기술Ⅰ-신체조절 교육체조기술Ⅱ-전통적 균형 중 평균대 물구나무서기
26		흔들리는 갈대!	발달적 게임Ⅰ-안정운동의 낮은 수준게임 발달적 게임Ⅱ-협력게임의 그룹시작 발달적 게임Ⅱ-협력게임의 그룹 문제해결 활동	교육체조기술Ⅰ-신체조절 교육체조기술Ⅱ-균형 및 구르기 중 2인 1조 옆구르기 교육체조기술Ⅲ-무게의 전이 교육체조기술Ⅳ-비행하는 신체
27		가을하늘 그리기!	발달적 게임Ⅰ-안정운동과 이동운동의 낮은 수준게임 발달적 게임Ⅱ-협력게임의 그룹시작 발달적 게임Ⅱ-협력게임의 그룹 문제해결 활동	교육체조기술Ⅰ-신체조절 교육체조기술Ⅱ-비전통적 균형 교육체조기술Ⅲ-무게의 전이 교육체조기술Ⅳ-비행하는 신체
28		가을 운동회!	발달적 게임Ⅰ-안정운동과 조작운동의 낮은 수준게임 발달적 게임Ⅱ-협력게임의 그룹시작 발달적 게임Ⅱ-협력게임의 그룹 문제해결 활동	교육체조기술Ⅰ-신체조절 교육체조기술Ⅱ-균형 및 구르기 중 뒤구르기 교육체조기술Ⅲ-무게의 전이 교육체조기술Ⅳ-비행하는 신체

횟수	생활 주제	활동명	교육활동 요소	
			발달적 게임과 교육체조	
			발달적 게임의 단계와 내용	교육체조의 단계와 내용
29		깡통 비석치기!	발달적 게임Ⅰ-조작운동의 낮은 수준게임 발달적 게임Ⅱ-협력게임의 그룹시작 발달적 게임Ⅱ-협력게임의 그룹 문제해결 활동	교육체조기술Ⅰ-신체조절 교육체조기술Ⅱ-비전통적 균형 교육체조기술Ⅲ-무게의 전이 교육체조기술Ⅳ-비행하는 신체
30	11월 민속 놀이	투호!	발달적 게임Ⅰ-조작운동의 낮은 수준게임 발달적 게임Ⅱ-협력게임의 그룹시작 발달적 게임Ⅱ-협력게임의 그룹 문제해결 활동	교육체조기술Ⅰ-신체조절 교육체조기술Ⅱ-비전통적 균형 교육체조기술Ⅲ-무게의 전이
31		격구!	발달적 게임Ⅰ-조작운동의 낮은 수준게임 발달적 게임Ⅱ-협력게임의 그룹시작 발달적 게임Ⅱ-협력게임의 그룹 문제해결 활동	교육체조기술Ⅰ-신체조절 교육체조기술Ⅱ-비전통적 균형 교육체조기술Ⅲ-무게의 전이
32		제기 차기!	발달적 게임Ⅰ-조작운동의 낮은 수준게임 발달적 게임Ⅱ-협력게임의 그룹시작 발달적 게임Ⅱ-협력게임의 그룹 문제해결 활동	교육체조기술Ⅰ-신체조절 교육체조기술Ⅱ-비전통적 균형 교육체조기술Ⅲ-무게의 전이
33	12월 겨울/ 성탄절	성탄 선물!	발달적 게임Ⅰ-이동운동의 낮은 수준게임 발달적 게임Ⅱ-협력게임의 그룹시작 발달적 게임Ⅱ-협력게임의 그룹 문제해결 활동	교육체조기술Ⅰ-신체조절 교육체조기술Ⅱ-비전통적 균형 교육체조기술Ⅲ-무게의 전이 교육체조기술Ⅳ-비행하는 신체
34		성탄 선물 나르기!	발달적 게임Ⅰ-이동운동과 조작운동의 낮은 수준게임 발달적 게임Ⅱ-협력게임의 그룹시작 발달적 게임Ⅱ-협력게임의 그룹 문제해결 활동	교육체조기술Ⅰ-신체조절 교육체조기술Ⅱ-비전통적 균형 교육체조기술Ⅲ-무게의 전이 교육체조기술Ⅳ-비행하는 신체

위 <표 4>에서 보는 바와 같이, 교육활동 요소는 발달적 게임의 단계 및 내용과 교육체조의 단계 및 내용으로 구분하였다. 발달적 게임의 단계와 내용은 이동운동, 안정운동, 조작운동 중심의 낮은 수준으로 전개되는 발달적 게임단계 Ⅰ에 해당하는 내용과 단계 Ⅱ 협력게임에 속하는 그룹 시작(group initiatives)과 그룹 문제해결활동으로 이루어지도록 하였다. 가령, 3월 1차 '풍선을 높이 높이!' 활동을 할 때, 대그룹의 유아들이 어떻게 모이고 흩어지는가를 정하고(그룹 시작), 풍선으로 어떻게 놀 수 있는지, 풍선을 높이 던진 후 떨어지기 전에 어떤 동작을 할 수 있는가(조작운동의 낮은 수준의 게임, 그룹 문제해결활동)를 발문함으로써, 발달적 게임단계 Ⅰ과 Ⅱ에 해당하는 활동들이 실시되었다.

교육체조의 단계와 내용은 교육체조기술 Ⅰ~Ⅳ단계까지 해당하는 신체조절(body control), 균형 및 구르기(balancing and rolling), 무게의 전이(transfer of weight), 비행하는 신체(body in flight)관련 내용으로 구성하였다. Ⅱ단계인 균형 및 구르기는 다시 비전통적 균형(nontraditional balancing), 파트너와의 균형과 긴장(counterbalance and counter-tension), 전통적 균형(traditional balancing), 구르기(rolling)로 구분된다.

최상위 단계에 해당하는 '비행하는 신체'관련 체조기술 동작은 이미 그 하위 단계의 체조기술단계를 포함한다. 가령, 7월 4차에 실시한 '거미줄을 지나가자!' 활동에서, 점핑 이동 동작이나 손을 줄 사이에 짚고 발을 차며 점프해 넘는 동작들은 '비행하는 신체'에 해당하지만 이미 신체 조절이나 비전통적인 균형, 무게의 전이 등의 하위 단계에 속하는 체조기술들이 동시에 그 동작을 통해 일어나게 된다. 이에, 위 표에서 제시한 바와 같이, 교육체조의 단계와 내용은 일일 활동의 주

동작들에서 나타나는 체조기술단계 중 최상위 단계와 그 하위 단계를 함께 기술하였다.

V. 교수·학습방법 및 교사의 역할

1. 교수·학습방법

동작교육의 교수방법에 관해서 많은 연구들이 이루어져오고 있다.

보우처는 동작교육은 개별적 탐색활동 위주로 지도해야 하고, 학습자 중심적이어야 하며, 문제해결 방법으로 지도해야 한다고 하였다. 또한 다양한 기구와 장비를 활용하여 지도해야 함을 주장하였다(Boucher, 1988).

워너는 지도방법을 4가지로 분류하여 제시하고 그 특징을 소개하였다. 특히 아동의 지적능력을 발휘할 수 있는 기회를 제공하거나 의사결정과정에서 아동을 참여시키려면 탐색법, 문제해결법, 유도발견법을 이용하고, 시간이나 효율성을 위해서라면 명령식을 이용하도록 제안하였다(Werner, 1994).

탐색법(exploration)은 교사가 문제를 제시하고 학습자는 약속된 상황이나 장소에서 자유롭게 운동의 요소와 질에 관련된 시간, 힘, 공간, 흐름 등을 탐색하며, 결과보다도 사고와 상호작용 및 다양성 등의 학습의 과정을 더 중요시한다.

문제해결법(problem solving)은 탐색법과 그 특징이 같으나 학습과제의 복합성과 수준에 따라 적용한다. 탐색법이 아동의 초기 운동경험에 적용되는 반면 문제해결법은 조건에 대한 반응으로서 탐색이 이루어진 후에 적용된다.

유도발견법(guided discovery)은 효율적인 운동수행 방법을 스스로 터득하도록 동기를 부여하려는 지도방법이다. 유도발견법의 과정은 탐색법과 문제해결법의 초기 단계와 유사하다. 유도발견법은 아동이 과제에 대한 해답을 스스로 발견하도록 교사가 이끌어 주는 기회가 주어진다는 점이 다르다.

마지막으로 명령식 지도(command)는 교사의 설명과 시범에 따라 학습자가 연습이나 게임에 참여하는 전통적인 체육지도방법이다. 이 지도방법은 특수한 기술의 습득과 게임기능을 익히는 데 유리하며 단위 시간 내에 올바른 동작을 배우는 데 적합하다. 그러나 수업에서 지나치게 교사 중심적이라는 비판을 받고 있다.

키츠너와 쿠닝함, 워렐은 동작교육을 지도하는 방법으로 직접적 방법(direct method), 간접적 방법(indirect method), 제한적 방법(limitation method) 등 세 가지를 제시하고 장, 단점을 소개하였다(Kirchner, Cunningham & Warrell, 1974).

직접적 방법은 교사가 학급의 조직, 운동의 선택, 운동참여와 활동방법 등을 결정할 때 이용되며 특수한 운동기술이나 지식, 규칙 등을 여러 학생이 동시에 학습하거나 연습할 때 유리하다. 반면 간접적 방법은 학습자가 학습활동, 이용기구나 장비의 선택, 활동방법을 결정할 때 이용되며 학습자의 능력과 흥미 등의 개인차를 고려하고 스스로 독창력을 발휘하도록 기회를 제공하는 데 유리한 방법이다.

마지막으로, 제한적 방법은 직접적 방법과 간접적 방법의 절충식으로서 학습의 전 과정에서 학습자의 능력과 흥미가 존중되면서도 어느 정도 교사에 의해 제한 받게 된다. 이 방법은 활동과제와 방향이 교사에 의해 결정되어도 학습자의 자유롭고 창의적인 표현이 가능하고 움직임의 교정이 용이하다는 이점이 있다. 따라서 현재는 교사에 의해 활동의 목표와 방향이 결정되지만 실제 활동이 이루어지는 과정에서 유아에게 탐색할 시간이 주어지고, 개방형 질문을 통해 창의적인 사고를 유도하며, 교사가 비계설정자(scaffolder)가 되어 유아에게 새로운 움직임기술이나 활동방법을 제시해 주는, 교사와 유아의 상호 주도적(Bucek, 1992; Ritson, 1986; Slater, 1993) 성격을 띠는 '제한적 교수방법'의 가치가 확산되고 있다.

또 다른 교수방법으로 켈러의 '주의 촉진전략 방법'을 들 수 있다. 켈러의 '코스웨어설계에서의 ARCS동기유발모델 활용'이라는 저서에 따르면, 주의를 환기하고 유지하기 위해서는 다음의 세 가지 전략 방법이 필요함을 주장하였다(김유미, 2003).

첫째는 주의집중을 위해 새롭고 신기한 사건이나 사실을 제시함으로써 학습자의 주의나 호기심을 유발시키는 '지각적 주의환기(perceptual arousal)' 전략 방법이다. 이 전략의 기본가정은 인간은 예기치 않은 외부 자극에 쉽게 반응하게 된다는 것을 전제하고 있다. 둘째, '탐구적 주의환기' 전략 방법으로 지각적 주의환기 전략 방법을 통해 학습자의 주의를 끌었다면, 이후에는 더욱 심화된 수준의 호기심을 유발, 유지하기 위해 문제해결 행동을 구상하게 하는 것이다. 마지막으로, '다양성' 전략 방법이다. 이 전략 방법은 교수 요소들을 변화시킴으로써 학습자의 흥미를 유지시키기 위한 것이다.

한편, 동작교육의 교수방법으로 다양한 수업모형들이 제시되고 있다. 베인은 신체활동 프로그램의 선정 및 조직, 연속을 위한 당위성 등에 기초하여 여섯 가지 체육 교육과정 모형을 제시하였다(Bain, 1978). 이 중, '움직임 분석 모형(movement analysis model)'과 '발달 단계 모형(development stage model)'이 유아 및 저학년 아동을 위한 교육과정 개발에서 흔히 선택되고 있다(조순묵, 1995).

'발달 단계 모형'은 아동이 여러 가지 움직임 기능을 학습하여 효과적인 움직임을 수행할 수 있도록 하기 위해서 고안되었으며, 모든 수준에서 진보된 기능발달을 조장하는 적절한 움직임 경험이 주요한 교육내용이 되었다. 반면, '움직임 분석 모형'은 움직임 개념의 이해와 응용을 강조하기 위해 라반에 의해 독창적으로 제안된 운동 분석 체계를 적용하였다.

키츠너와 쿠닝함, 워렐(1974)은 다음과 같은 3단계로 동작교육 수업모형을 구성하였다.

〈그림 7〉 키츠너, 쿠닝함, 워렐의 동작교육 수업모형

도입활동은 전통적인 학습계획의 워밍업에 해당하는 부분으로 순환계의 증진을 위해 간단하면서도 이해하기 쉬운 움직임으로 구성되었다. 움직임 익히기에서는 대집단 혹은 또래 간, 개인적으로 움직임 형태를 연습하는 것과 관계되었다. 움직임 문제가 제시된 후에는 아

동들이 생각하고, 생각을 완성해 낼 수 있는 충분한 시간이 허용되어야 한다. 마지막으로 기구운동단계에서는 마루 위에서 맨몸으로 탐구되는 움직임 형태가 기구 위에서 적용되며, 아동은 마루에서 개발한 움직임 아이디어를 기구라는 새로운 매개체에 적용하도록 시도하여야 한다(최예종, 1993). 기구의 제시는 아동에게 활동의 '변화'를 제공하는 매력적인 매개체가 될 수 있는 것이다.

이상에 근거하여 구성한 본 발달적 게임과 교육체조를 통합한 유아동작교육활동은 '제한적 교수방법(limitation method)'을 택하였다. 이 방법은 교사주도의 직접적 방법과 유아 주도의 간접적 방법의 절충식으로서 학습의 전 과정에서 학습자의 능력과 흥미가 존중되면서도 어느 정도 교사에 의해 제한된다.

또한 켈러의 '주의 촉진 전략 방법'을 적용하였다. 이 전략은 세 단계를 거치게 되는데 첫째, '지각적 주의환기(perceptual arousal)' 전략 방법에 따라, 대·소도구를 매 활동마다 활용함으로써 유아의 호기심을 유발시키고 주의를 집중시키려 하였다. 둘째, '탐구적 주의환기' 전략 방법으로 지각적 주의환기 전략을 통해 학습자의 주의를 끌었다면, 이후에는 더욱 심화된 수준의 호기심을 유발, 유지하기 위해 문제해결 행동을 구상하게 하였다. 가령 양끝에 방울이 달린 백업을 유아에게 제시하면서 유아의 유기심을 유발시켰다면, 이후에는 백업으로 무엇을 만들 수 있는지, 혹은 백업을 바닥에 놓고 어떻게 뛰어 넘을 수 있는지를 교사가 발문함으로써 문제해결 행동을 유아 스스로 구상해보게 한 것이다. 셋째, '다양성' 전략 방법에 따라 비계 설정자 역할의 교사가 유아들이 생각해보지 못했던 새로운 활동방법을 제시하였다.

이 외에, 본 활동은 기본운동능력, 지각운동능력, 기초체력과 신체적 자아개념의 향상을 위해 구성되었으나, 다양한 소도구를 활용해 동작을 탐색하고 표현해보는 활동과 2인 이상의 발달적 게임 활동을 통해 창의성과 사회성도 함께 발달할 수 있도록 구성하였다. 대·소도구를 활용한 교육체조활동이 이루어지고, 활동초반 도입부분에서 두뇌체조(brain gym)동작과 좌우교차 신체움직임이 많은 스트레칭 동작을 음악과 함께 구성, 실시함으로써 신체 협응능력을 높이고 좌우 두뇌의 활성화에 기여하도록 하였다. 또한, 맨손체조뿐만 아니라 즐거운 음악을 들으며 스텝퍼(Stepper) 체조를 지속적으로 실시함으로써 순발력, 지구력, 근력 등 기초체력의 향상도 기여하도록 하였다. 맨손체조와 스텝퍼 체조는 일정 간격을 두고 번갈아 가며 실시하여 유아가 지루해하지 않도록 하였다.

2. 교수원리

교수원리에 관해 김은심(2004), 이영(1997), 전인옥과 이영(2005)은 다음과 같이 제시하였다.

첫째, 놀이학습의 원리는 유아의 흥미를 고려하여 즐거움이 내포된 신체활동을 선정하여 즐거움이 확대되고 지속될 수 있도록 놀이 중심으로 교수 학습하는 것으로, 동작활동을 통한 즐거움은 열정, 좋아함, 재미 등과 같은 긍정적인 정서반응을 의미한다(Scanlan & Simons, 1992). 이러한 긍정적인 정서반응은 신체활동으로의 참여 동기를 유발시키게 되기에(Gill, Gross & Huddleston, 1983; Gould, Feltz & Weiss,

1985), 활동 참여 시 느끼는 즐거움은 긍정적인 심리를 향상시킬 뿐만 아니라 운동지속에도 중요한 역할을 한다(Martin & Dubbert, 1987; Wankel, 1993).

둘째, 탐구학습의 원리로, 유아 개개인이 자발적으로 자신의 신체, 공간, 방향, 시간, 힘과 같은 지각운동 요소를 탐색하여 신체활동의 가능성과 한계를 발견하면서 학습하도록 하는 것이다.

셋째, 개별화의 원리로, 유아의 신체발달 수준과 운동능력 및 운동경험의 수준이 다양한 점을 고려하여 유아 개개인의 개인차를 인정하도록 하여 유아의 운동능력과 발달 속도에 따라 동작활동을 경험하도록 하는 것이다.

넷째, 다감각적 표현활동으로 동작교육과 유아의 전인 발달적 상호관계를 고려하여 유아의 다섯 감각과 지각운동감각, 언어와 인지적 개념을 다감각적으로 통합한 동작활동을 중요시하는 것이다.

다섯째, 통합의 원리로, 제6차 유아교육과정은 유아교육의 의미를 통합교육에서 찾고 있으며, 발달 수준별 학습과 생활 경험, 활동영역 간의 연계성, 생활주제와 교육내용 간의 통합을 통해 교육하도록 권하고 있다(박낭자, 양승희, 2000). 김영주(2005) 또한 유아기 통합교육을 위한 신체활동 프로그램의 개선을 위해 서울·경기 지역 유아교육기관 261개 기관을 설문조사하고, 유아교육관련 전문가 30명을 대상으로 3차에 걸친 견해 조사를 실시한바, 유아기에 가장 적합한 통합교육방법으로 생활주제 중심 신체활동 통합교육을 제시하였다.

이상에 근거하여 구성한 본 발달적 게임과 교육체조를 통합한 유아동작교육활동의 교수원리는 다음과 같다.

첫째, 놀이학습의 원리로, 본 활동은 도구를 사용한 발달적 게임 및 교육체조, 리듬감 있는 음악과 함께 하는 맨손체조와 스텝퍼 체조를 적용해 유아가 즐겁게 참여할 수 있도록 하였다.

둘째, 탐구학습의 원리를 적용하였다. 유아 스스로 경험을 통해 자발적인 학습을 하게 하는 것이다. 가령 소도구인 백업을 나누어주고 무엇을 만들어 볼 수 있는지, 어떻게 백업으로 놀 수 있을까를 질문하고, 이에 유아는 백업으로 바닥을 두들겨 소리도 내어보고, 던져서 받아보기도 하고, 구부려 동그라미도 만들어 보는 등의 활동을 통해 창의적인 표현력을 기를 수 있게 된다.

셋째, 개별화의 원리로, 유아 개개인의 개인차를 인정하도록 하여 유아의 운동능력과 발달 속도에 따라 신체활동을 경험하도록 하였다. 가령 평균대 걷기나 매트 구르기를 할 때, 모든 유아들이 처음부터 획일적으로 하는 것이 아니라, 신체운동발달의 개인차를 고려하여 자신이 할 수 있는 방법으로 다양하게 건너가기와 구르기를 먼저 경험해 보는 것이다.

넷째, 통합의 원리를 적용하였다. 본 활동은 발달적 게임과 교육체조를 통해 기본운동능력, 지각운동능력, 기초체력과 신체적 자아개념의 발달이 통합적으로 이루어지도록 하였다.

3. 교사의 역할

동작교육활동과 관련한 교사의 역할에 대한 선행연구 결과는 다음과 같다.

시던탑은 동작활동에서 교사의 효율적인 교수행동은 온화하고 긍정적 분위기를 조성하며 학습자에게 알맞은 수준의 과제를 제공하는 것이라고 하였다. 또한 교사는 융통성 있는 태도로서 유아에게 탐색과 실험을 할 수 있는 기회를 허용해 주어야 한다고 하였다(Siedentop, 1986). 즉 유아의 신체 움직임을 관찰하고, 적절한 자극과 격려를 하고, 다양한 표현을 수용해 주고 안내를 해주며, 적절한 질문을 함으로써 유아가 분명한 목표를 향하여 나아가도록 인도해 주어야 하는 것이다(전인옥, 이영, 2005).

이만수(1991)의 연구에서 보고된 바와 같이, 신체활동의 교수-학습 방법에서 창의적으로 질문한 집단이 재생 기억적 질문집단보다 동작의 표현력이 더 다양하게 나타났다. 또한 조인숙(1990)의 연구에서도 교사의 질문유형을 개방적 질문집단과 폐쇄적 질문집단으로 분류하였을 때, 개방적 질문을 한 집단이 폐쇄적 질문집단보다 유아의 창의적 사고력이 확장되었으며, 언어적인 반응 시간이 길어짐을 보였다. 따라서 교사는 개방형 질문을 시기적절하게 해줄 필요가 있는 것이다.

이처럼 교사는 구체적인 움직임을 위한 발문이나 창의적 질문을 함으로써 유아의 발달수준에 따라 개별화 교수와 안전한 신체활동시간이 되도록 교수자의 역할을 하여야 한다. 교사는 특수한 운동기술을 가르치는 것도 중요하지만 그보다도 유아가 신체를 새롭고 창의적인 방법으로 사용하는 것을 격려함으로써 자신의 느낌과 생각을 신체나 도구로 표현하고 신체의 잠재적 가능성을 발견할 수 있도록 촉진자의 역할을 하여야 한다.

교사는 유아의 주위에서 움직이면서 과제에 대하여 각 유아의 신체활동과 반응이 어떠한지, 유아의 운동능력이 증진되었는지, 심리적 상태는 어떠한지를 주의 깊게 살펴보면서 관찰자와 해석자의 역할도 하여야 한다. 이러한 관찰과 해석을 기초로 하여 신체활동에 교사가 적극적으로 시범을 보이며 개입을 할 것인가 또는 개입하지 않고 소극적으로 조정하며 상호작용할 것인가를 비판적으로 판단하는 의사결정자의 역할을 하여야 한다(전인옥, 이영, 2005).

그리고 교사는 신체와 동작에 대해 이해하고 인식해야 한다. 교사가 신체에 대하여 얼마나 이해하고 있느냐에 따라 유아의 신체동작의 중요성을 인식하고 유아에게 의미 있는 동작 경험을 계획해 주는 것과 직접적인 관계를 가지므로, 신체동작에 대해 깊이 이해하는 일이 무엇보다도 중요하며 교사 자신이 적극적으로 수업에 참여해야 하는 것이다(Seefeldt, 1987).

한편 김은심(2004)은 교사가 동작활동을 성공적으로 실시하기 위해 첫째, 다른 사람의 개인공간을 존중하기와 가능한 한 소음을 내지 말고 참여하기 등의 규칙을 세울 것을 권하였다. 둘째, 유아가 다른 유아를 방해하거나 상해를 가하지 않게 하기 위해 동작활동 공간의 한계와 경계를 미리 설정해 놓을 것을 당부하였다.

셋째, 교사는 긍정적인 과제를 사용하여야 하며 넷째, 유아들의 잘못된 동작 반응을 간과하지 않고 창의적으로 수정해 줄 것을 피력하였다. 이 외에도, 솔직한 칭찬과 긍정적인 강화를 사용하며, 교사의 목소리와 친숙한 이미지를 사용하라고 하였다. 특히 교사는 가능한 한 유아가 자신의 생각이나 느낌을 나타내기에 편안하고 개방적인 분위기를 형성하는 것이 중요하다고 하였다.

요컨대, 교사는 유아가 자신의 운동기술을 획득하고, 운동능력을 신장시킬 수 있도록 편안하고 개방적인 분위기를 조성하여 신체활동이 지지적이고, 성공지향적인 경험이 되도록 도와주고 모든 유아들이 긍정적인 자아 개념을 발달시켜 나가며 자신과 타인을 신뢰하는 협동적인 탐구자가 될 수 있도록 해야 할 것이다(황순각, 2000).

이상에 근거하여 구성한 본 발달적 게임과 교육체조를 통합한 유아동작교육활동의 교사 역할은 다음과 같다.

첫째, 교사는 무엇보다 유아의 동작교육활동을 바라보는 명확한 교육철학이 있어야 한다. 교육철학에서 유아를 인식하는 유아관이 나오며, 동작교육활동을 실천하는 방법의 토대가 되기 때문이다. 본 활동의 교사는 상호작용론적 관점의 교육철학을 인식하며 안내 및 촉진자로서 적극적으로 수업에 참여한다. 교사는 유아에게 짧은 줄을 나누어주며 "이것으로 무엇을 만들 수 있겠니?, 어떻게 가지고 놀까?" 등을 질문하고, "짧은 줄로 동그라미, 세모, 달팽이를 만들었구나, 또 무엇을 만들 수 있을까?"하며 유아의 생각을 표출시키도록 이끈다. 마지막으로, "선생님처럼, 줄로 이렇게 놀아볼까?"라고 운동기술과 수준을 의식적으로 높이거나 유아가 생각하지 못했던 또 다른 대안점을 제시한다.

둘째, 교사는 때로는 시범자와 설명자의 역할을 수행해야 한다. 특히 공 던지고 받기, 차기 등의 조작운동과 앞구르기의 안정동작, 두뇌체조 동작들과 신체좌우의 협응운동으로 이루어진 체조 및 스텝퍼 체조 등을 할 때는 교사의 정확한 언어제시와 동작의 시범을 통해 유아의 운동능력과 기술을 향상시켜줄 수 있어야 한다.

셋째, 교사는 결과보다는 활동과정을 격려하고 칭찬과 긍정적 강화를 제공한다. 이를 통해 유아의 신체적 자아개념 및 정서, 사회적인 발달에 긍정적 영향을 주도록 해야 한다.

넷째, 교사의 창의적인 질문은 동작활동으로의 참여 동기를 강화시켜줄 수 있을 뿐 아니라 유아의 창의적인 표현능력을 신장시켜 줄 수 있다. 교사는 실제 갈대를 보여주고 "바람이 강하게 / 약하게 불 때 갈대는 어떻게 움직일까?, 갈대가 바닥에 이리저리 뒹굴면?" 등의 질문을 통해 유아의 창의적인 움직임을 유도할 수 있다.

다섯째, 교사는 유아기에 적합한 발달적 게임과 교육체조의 성격을 알고, 성공지향적인 활동경험이 되게 하고 경쟁적이 되어 유아에게 스트레스를 주지 않도록 한다. 유아에 적합한 발달적 게임과 교육체조는 자신의 운동능력과의 개인적인 성장의 경험이며, 2인 이상 그룹으로 진행될 때도, 서로 도와가며 함께 즐기는 가운데 문제해결력과 운동능력이 발달될 수 있도록 한다.

VI. 평가

평가의 개념은 고전적으로 "교육과정 및 수업의 프로그램에 의하여 교육목표가 어느 정도 달성하였는가를 밝히는 과정"(Tyler, 1949)이었다. 앨리스와 맥킨, 글렌(Ellis, Mackey & Glenn, 1988)은 평가란 교육과정의 효과 및 학습의 정도에 관한 유용한 정보를 체계적으로 수집하고 분석하는 과정으로 설명하였다(이원미, 2002, 재인용).

유아교육평가는 "유아들의 전인적 성장발달을 조력하기 위한 교육과정이나 프로그램이 어느 정도 실현되었는지를 알아보는 과정"으로 정의되고 있다(이영석, 박재환, 김경중, 1987). 이러한 유아교육평가 중, 유아동작교육활동의 평가는 크게 교사의 평가와 유아의 평가로 구분된다. 교사의 평가는 프로그램에 대한 활동 및 교수방법의 전반적인 자기평가와 유아에 대한 평가로 나눌 수 있다. 유아의 평가는 스스로 활동에 대한 이해정도, 참여태도, 만족도 등을 평가하는 것이다(윤은영, 2005).

교사의 자기평가는 동작활동을 실시할 때 활동의 질을 높이기 위하여 자신이 준비하고 실행한 수업이 유아에게 어떤 영향을 주었는가를 평가하고자 하는 것으로 교수·학습방법에 대한 피드백을 제공하고 다음 활동에 반영하게 된다. 이러한 교사의 자기평가는 동적이면서도 계속 진행되는 과정이다(Pangrazi, 2001). 교사의 자기평가로 팡그라지(2001)는 다음과 같은 내용을 제시하였다.

* 수업 전에 미리 계획을 하였는가?
* 수업 목표에 부합하는 활동을 하였는가?
* 수업 전에 도구를 미리 준비하였는가?
* 수업 중에 꾸준히 유아들과 같이 움직였는가?
* 과제수행이 어려운 유아들을 위하여 적절한 도움을 주었는가?
* 신체활동에 교수 목표가 무엇인지를 유아들에게 알려 주었는가?
* 열정과 에너지를 가지고 열심히 가르쳤는가?
* 유아들이 노력하고 향상 되었을 때 칭찬과 격려를 아끼지 않았는가?
* 개별적 발달과 창의성 발달을 도모하기 위해 충분히 주의를 기울였는가?
* 유아들이 자발성을 갖도록 도와주었는가?
* 유아들이 지속적으로 동기부여를 받게 하고 움직임의 질과 양을 고려하였는가?
* 수업을 잘 마무리하였는가?
* 제시한 활동의 효율성을 평가하였는가?
* 신체활동에 관한 원리의 문제들을 어떻게 처리했는지 평가하였는가?

교사의 유아에 대한 평가는 활동 시행 후에 활동이 어떠한 효과가 있으며 활동이 설정한 목표가 최종적으로 달성되어있는가를 평가하는 것이다. 평가방법은 신체 성장과 발달, 운동행동에 대하여 다양한 측면에서 이루어질 수 있다(김선진 외, 2003).

퍼셀은 동작활동에서 이루어지는 평가를 프로그램에 대한 평가, 유아 개개인에 대한 평가, 또래평가, 자기평가의 네 가지로 구분하였다(Purcell, 1994).

프로그램에 대한 평가는 프로그램의 효과를 판단하기 위해 교사 자신이 준비하고 실행한 수업이 유아들의 활동에 어떠한 영향을 주었는지를 평가하며, 유아에 대한 평가는 유아 개개인의 학습 정도를 평가하는 것이다.

또래평가는 개별 유아 혹은 각각의 집단을 어떻게 인식하고 평가해야 하는지를 설명한 뒤, 유아들에게 활동을 수행하도록 하고 다른 유아들이 수행하는 동작표현을 관찰할 수 있는 기회를 제공하는 것이다.

마지막으로 자기평가는 유아들이 동작활동 수행과정에서 알고 있는 것, 느낀 점에 대해 자기 스스로 평가하는 것을 말한다.

동작활동이 끝난 후에 교사는 평가를 기록하는 역할을 해야 한다. 평가란 단순히 기억한 사실을 재생할 수 있는 능력을 평가하는 것이 아니라, 이해한 정도의 깊이, 배웠던 것을 적용할 수 있는 능력과 궁극적인 성숙을 살펴보는 것을 의미한다. 이러한 평가는 학습 목표가 얼마나 잘 이루어지고 있는가를 점검하는 지속적인 과정으로서 활동을 계획하고 전개해 나가는 일련의 과정만큼이나 중요한 부분이다(김은심, 2004).

이상의 선행연구를 바탕으로 본 발달적 게임과 교육체조를 통합한 유아동작교육활동의 평가는 크게 교사의 자기평가와 교사의 유아에 대한 평가로 실시되었다.

교사의 자기평가와 유아에 대한 평가는 김은심(2004)이 제시한 내용을 토대로 다음과 같이 실시하였다.

■ 교사의 자기평가

* 유아의 연령에 적합한 활동이었는가?
* 활동을 계획한 시간 안에 끝마칠 수 있었는가?
* 환경 구성에서 자료와 도구들이 적당하게 배치되었는가?
* 활동 속에 신체지각, 공간지각, 시간지각, 방향지각 등의 지각운동 요소가 다양하게 구성되었는가?
* 활동 속에 정적인 활동과 동적인 활동이 조화롭게 구성되었는가?
* 활동 속에 기본운동(이동, 안정, 조작)활동이 다양하게 나타날 수 있는가?
* 동작의 진행 순서가 적절했는가?
* 유아들이 흥미롭게 즐겨 참여할 수 있는 활동이었는가?
* 움직임 익히기단계의 활동이 본 활동인 대·소도구활용(생활주제와 통합)단계의 움직임 확장에 도움을 주었는가?
* 도입단계에 실시한 체조 동작이 유아의 흥미를 끌며, 기본운동능력과 기초체력 향상에 도움을 줄 수 있었는가?
* 교사의 언어적 상호작용이 유아의 움직임을 확장할 수 있었는가?

■ 유아에 대한 평가

* 활동과정에서 즐거워하고 만족해하였는가?
* 짝과 함께 혹은 전체가 협력하여 움직이며 문제를 해결하려 하였는가?

* 다른 유아들의 움직임을 잘 관찰하였는가?
* 신체부분을 다양하게 활용하여 움직일 수 있었는가?
* 교사의 언어적 상호작용에 적합하게 반응할 수 있었는가?
* 다양한 안정동작과 이동동작을 사용할 수 있고 능숙하게 할 수 있었는가?
* 다양한 조작운동 활동에 즐겁게 참여하고, 할 수 있었는가?
* 활동 속에 구성된 지각운동 요소(신체지각, 공간지각, 방향지각, 시간지각)를 알고 움직일 수 있었는가?
* 다른 유아와의 관계에서 서로 부딪치지 않고 움직일 수 있었는가?
* 활동하는 동안에 집중했는가?
* 자기 동작에 관심을 기울이며 움직였는가?
* 정해진 약속을 지키며 활동하였는가?

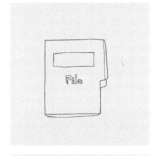

PART 4

발달적 게임과 교육체조를
통합한 유아동작교육활동의 적용

Ⅰ. 전개방법

본 활동의 전개과정은 도입단계, 움직임 익히기단계, 대·소도구활용단계(생활주제와 통합), 평가단계로 구분하였다. 그리고 전반적인 신체활동 시간은 약 40~45분 정도로 구성하였다.

도입단계에서는 유아의 몸을 이완시켜주기 위해 음악과 함께 하는 준비 운동이 약 5분간 실시되며 활동에 대한 전반적인 소개가 이루어졌다. 두뇌발달의 원리와 신체활동 간의 관계 및 두뇌체조 동작과 좌우교차 신체움직임이 많은 스트레칭 동작을 음악과 함께 구성, 실시함으로써 신체 협응능력을 높이고 좌우 두뇌의 활성화에 기여하도록 하였다. 또한, 맨손체조뿐만 아니라 즐거운 음악을 들으며 스텝퍼 체조를 실시함으로써 순발력, 지구력, 근력 등 기초체력의 향상도 기여하도록 하였다. 맨손체조와 스텝퍼 체조는 일정 간격을 두고 번갈아가며 실시하여 유아가 지루해하지 않도록 구성하였다.

움직임 익히기단계에서는 기본운동과 지각운동 요소를 통합한 기초영역에 해당하는 활동이 10분간 실시되었다. 겔라후와 도넬리(Gallahue & Donnelly, 2003)의 교육체조 내용을 중심으로 안정운동, 이동운동,

조작운동의 체조기술의 기본이 되는 동작들을 익혀보는 활동으로 구성하였다.

대·소도구활용단계(생활주제와 통합)에서는 겔라후와 도넬리(2003)의 교육체조와 발달적 게임의 이론에 따라 '낮은 수준의 이동, 안정, 조작적 게임'활동이나 '협력적, 문제해결적 그룹게임'활동이 대·소도구를 활용하여 약 20~25분간 실시되었다. 이때, 움직임 익히기단계에서 이루어진 체조기술의 기본이 되는 기본동작 및 지각운동 요소들이 본 활동단계에서도 반복 또는 심화되어 연계되고 유치원 월주제와도 통합이 되게 하였다.

마지막으로 평가단계에서는 매회 활동이 끝나고 전반적인 수업내용에 대한 간단한 이야기 나누기를 통하여 마무리하였다.

이상과 같이 활동의 전개방법은 활동 양에 따라 교사가 융통성 있게 전개하였고, 총 34개의 활동으로 매회 약 40~45분 정도 실시하였다. 본 발달적 게임과 교육체조를 통합한 유아동작교육활동의 수업모형과 전개방법은 다음 <그림 8>, <표 5>와 같다.

〈그림 8〉 발달적 게임과 교육체조를 통합한 유아동작교육활동 수업모형

〈표 5〉 발달적 게임과 교육체조를 통합한 유아동작교육활동의 전개방법

활동 구성	시 간	활동 적용
도입단계	약 5분	준비운동, 이야기 나누기
움직임 익히기단계	약 10분	기본운동, 지각운동
대·소도구활용단계 (생활주제와 통합)	약 20~25분	본 운동(목표에 제시된 활동)
평가단계	약 5분	활동 평가

Ⅱ. 활동 계획안

　활동 계획안은 생활주제, 활동명, 교육목표, 교육활동 요소, 준비물, 도입단계, 움직임 익히기단계, 대·소도구활용 단계(생활주제와 통합), 평가단계로 나누어 구성하였다. 교육목표에 대한 기술은 기본운동능력, 지각운동능력, 기초체력 개념에 근거하여 구체적으로 제시하였다. 신체적 자아개념은 모든 활동과정을 통해 향상될 수 있기 때문에 반복적으로 기술하는 번거로움을 피하였다.

　교육활동 요소로는 발달적 게임의 단계와 내용, 교육체조기술의 단계와 내용으로 구분하였다. 발달적 게임의 단계와 내용은 이동운동, 안정운동, 조작운동 중심의 낮은 수준으로 전개되는 발달적 게임 단계Ⅰ에 해당하는 내용과 단계Ⅱ 협력게임에 속하는 그룹 시작과 그룹 문제해결활동으로 이루어지도록 하였다.

　교육체조의 단계와 내용은 교육체조기술Ⅰ~Ⅳ단계까지 해당하는 신체조절, 균형 및 구르기, 무게의 전이, 비행하는 신체관련 내용으로 구성하였다. Ⅱ단계인 균형 및 구르기는 다시 비전통적 균형, 파트너와의 균형과 긴장, 전통적 균형, 구르기로 구분하였다.

최상위 단계에 해당하는 '비행하는 신체'관련 체조기술 동작은 이미 그 하위 단계의 체조기술단계를 포함한다. 이에, 일일 활동의 주 동작들에서 나타나는 체조기술단계 중 최상위 단계와 그 하위 단계를 함께 기술하였다.

계획된 활동 계획안의 예는 다음 <표 6>와 같다.

〈표 6〉 활동 계획안의 예

발달적 게임과 교육체조를 통합한 유아동작교육활동 계획안(0월 0주 0차)					
생활주제	유치원 교육과정 생활주제	교육 활동 요소	발달적 게임과 교육체조	발달적 게임	발달적 게임 단계와 내용
활동명	생활주제와 통합한 동작교육 활동 주제			교육체조	교육체조기술 단계와 내용
교육목표	교육활동 요소를 중심으로 교육목표의 구체적 제시				
준비물	관련된 교수자료				
도입단계	* 오늘 활동에 대한 간단한 소개, 준비 체조				약 5분
움직임 익히기단계	* 지각운동 요소를 중심으로 한 기본운동 익히기				약 10분
대·소도구 활용단계(생활주제와 통합)	* 교육목표에 제시된 활동 * 유아발달에 적합한 교육내용인 교육체조 및 발달적 게임을 다양한 대·소도구를 활용하여 실시 * 융통성 있는 활동 전개				약 20~25분
평가단계	* 활동을 마치고 간단한 이야기 나누기로 평가				약 5분

Ⅲ. 교육내용

　발달적 게임과 교육체조를 통합한 동작교육활동은 교육활동 요소로 발달적 게임과 교육체조를 구성하였으며, 발달적 게임은 '협력적·문제해결식'으로, 교육체조는 '자기능력테스트'적 성격을 띠며 실시되도록 하였다.

　유아기에 적합한 발달적 게임은 낮은 수준의 게임에 속하는 안정, 이동, 조작운동 게임이나 협력게임 중 그룹시작과 그룹 문제해결활동으로 전개되도록 하였다. 가령 4월 1차의 '개구리처럼 점핑' 활동의 경우, 점핑 이동운동을 개구리가 마치 먹이를 먹는 것처럼 전후좌우로 뛰어보는 이동운동 중심의 낮은 수준의 게임 활동과 홀라후프를 사용해 한 명은 후프를 파도처럼 가볍게 낮게 흔들 때, 파트너는 출렁이는 후프 위를 어떻게 지나갈 것인지 스스로 다양한 방법을 모색해 움직여 보는 그룹시작과 그룹 문제해결식 게임으로 전개되도록 하였다.

　교육체조의 동작교육활동은 교육체조 기술단계 Ⅰ인 '신체조절' 수준에서부터 Ⅳ인 '비행하는 신체'까지의 내용에 따라 구분하였다. 그

리고 '비행하는 신체'까지 동작의 수행은 그 앞선 단계인 '체조기술
Ⅰ: 신체조절, Ⅱ: 균형 및 구르기, Ⅲ: 무게의 전이'과정이 포함됨으
로 '비행하는 신체' 체조기술이 주된 교육내용일 경우, 그 앞선 과정
의 단계와 내용도 기술하였다.

일일활동단계 중 움직임 익히기단계에서 체조기술의 기본이 되는
동작들이 주로 실시되도록 하였고, 본 활동단계인 생활주제와 통합한
대·소도구활용 발달적 게임 및 교육체조 단계에서도 체조기술 동작
들이 반복 혹은 심화되도록 구성하였다. 가령 10월 2차의 '흔들리는
갈대' 활동의 경우, 움직임 익히기단계에서 옆구르기라는 교육체조
기술단계Ⅱ의 균형 및 구르기에 해당하는 동작을 익히고, 생활주제와
통합한 대·소도구활용 발달적 게임 및 교육체조 단계에서 갈대처럼
이리저리 몸을 흔들거나 매트 위를 파트너와 함께 호흡을 맞춰 옆구
르기를 해보는 협력게임 및 구르기 중심 교육체조활동을 실시하였다.

Ⅳ. 교수·학습방법

발달적 게임과 교육체조를 통합한 유아동작교육활동 계획안(3월 1주 1차)					
생활 주제	즐거운 유치원	교육 활동 요소	발달 적 게임 과 교육 체조	발달적 게임단계와 내용	발달적 게임Ⅰ-안정운동과 조작운동 의 낮은 수준게임 발달적 게임Ⅱ-협력게임의 그룹시작 발달적 게임Ⅱ-협력게임의 그룹 문제 해결활동
활동명	풍선을 높이 높이!			교육체조의 단계와 내용	교육체조기술Ⅰ-신체조절 교육체조기술Ⅱ-비전통적 균형

교육
목표
	* 몸 중에서 구부리기/펴기를 할 수 있는 부위를 안다.
	* 제자리에서 느리게/빠르게, 낮게/높게 돌 수 있다.
	* 다양한 신체부위의 명칭을 알고 풍선을 다양한 신체부위로 높이 칠 수 있다.
	* 풍선을 높이 친 상태에서 양손으로 바닥을 짚고 민첩하게 일어나 풍선을 잡을 수
	  있다.
	* 풍선을 높이 친 상태에서 제자리에서 한 바퀴 돌아 떨어지는 풍선을 잡을 수
	  있다.
	* 풍선을 바닥에 튀겨서 양손으로 잡거나, 발등/발가락/발바닥으로 찰 수 있다.				

준비물	* '휘파람 부르며' 음악, 풍선				
도입 단계	* 오늘 할 활동에 대해 간단히 소개하기 - 교사: 오늘은 친구들이 좋아하는 풍선을 가지고 놀 거예요! - 유아: 우와! * '휘파람 부르며' 노래에 맞춰 가볍게 맨손체조를 한다.				5분
움직임 익히기단계	* 우리 몸 중에서 구부리고 펴지는 곳은 어디일까? - 교사: 우리 몸 중에서 어디가 구부려지고 펴질까요? - 유아: 손요, 허리요……(직접 모양을 보인다).				10분

	-교사: 맞아요. 손 중에서도 이렇게 손목, 손가락이 구부려지고 펴지 네요. 허리도 이렇게 앞/뒤로 구부려지고 펴지네요. 또 어디가 있을까? -유아: 음…… 발가락요. 귀요……(귀를 손으로 만지며). -교사: 그러네. 발가락도 이렇게 꼼지락꼼지락 구부려졌다가 펴지네. 귀는 손으로 만져야만 구부려지고 펴지네요. -교사: 다들, 너무 잘 아네요. 그럼 이번엔, 앉아서 천천히 한 바퀴 돌 아볼까? 어떻게 해야 돌지? 서서 빠르게 한번 돌아보자. 어떻게 해야 할까?	
대·소도구 활용 단계 (생활주제 와 통합)	* 풍선으로 무엇을 할 수 있을까? -교사: 이 풍선으로 무엇을 하며 놀 수 있을까? -유아: 이렇게요, 이렇게요(저마다 풍선을 가지고 제자리에서 움직여 본다. 풍선을 손바닥으로 치거나 바닥에 긁어보는 유아, 발로 차보는 유아, 던져보는 유아 등이 보인다). * 풍선이 되었어요! -교사: (바람 없는 풍선에 공기를 불어 넣으며)친구들이, '후우'하면 커질 거야. (챈트를 한다) 노랑풍선을(유아들 '후우' 바람 부는 흉내 를 낸다)점점 불어서(후우), 아주 크게(후우). 친구들도 이 풍선처럼 바닥에 엎드려 아주 작게 있다가 선생님이 노래 부르며 '후우'하면 아주 큰 풍선이 되어 봐 주겠니? -교사: 그럼, 이번엔 동그라미 풍선처럼 우리 몸으로 동그라미를 만 들어 볼까? 동그라미를 어떻게 만들지? -교사: 음, 손과 발을 모아 동그라미를 만들 수 있구나. 그럼 바닥에 앉거나 엎드려서도 만들어 볼까? * 신체부위로 풍선치기 -교사: 이제, 우리 신체 부위로 풍선을 높이 높이 쳐볼 건데, 어떤 신 체부위로 쳐 볼 수 있을까? -유아: 손요. 발요. 머리요. 팔꿈치요……. -교사: 맞아요, 그럼 이제 선생님이 신나는 음악을 틀어준 건데, 먼저 손바닥으로 음악이 나오면 쳐 보도록 하자. 그런데 음악소리가 멈추 고 북소리가 쿵하고 나면 풍선을 잡고 '그대로 멈춰라'하세요(음악 을 틀어주면, 유아들 신나게 손바닥으로 풍선을 높이 친다). * 다양한 풍선놀이 활동 -교사: 이젠 좀 어려운 것을 해볼 건데, 풍선을 높이 던진 후, 제자리 한 바퀴 돌며 떨어지는 풍선을 잡아 볼 거야. 이렇게(시범 보인다), 이번엔, 이렇게 앉았다 일어나며 풍선을 잡아볼까? 박수 3번 이상 치고 풍선이 떨어지기 전에 잡아볼까? 풍선을 바닥에 한번 세게 튀 기고 잡아볼까?(시범보인 후, 유아들 실시한다)	20~25분
평가 단계	-교사: (다음과 같은 질문을 하며 가볍게 이야기를 나누며 마무리한 다)우리 몸 중에서 구부리고 펴지는 곳이 어디였나요? 제자리에서 빠르게/느리게 돌 때 기분이 어땠어? 우리 몸 중에서 어느 부분으 로 풍선을 칠 때, 가장 높이 올라갔나요? 풍선을 바닥에 튀겨서 잡을 수 있었니? 못 잡았다면 왜 그랬을까?	5분

활동은 도입단계, 움직임 익히기단계, 대·소도구활용단계(생활주제와 통합단계), 평가단계로 진행된다. 본 활동의 세부적 목표를 중심으로, 켈러의 주의 촉진 학습전략방법과 유아와의 상호작용 중심의 교수·학습방법에 따라 일방적으로 교사가 시범을 보이며 이끌어 가지 않고, 개방형 질문과 자발적인 탐색시간을 통해 유아의 관심과 흥미를 지속적으로 이어나가도록 하였다. 또한 유아의 신체 동작에 관해 언어적 피드백을 구체적으로 주도록 하였다.

PART 5

요약 및 결론

I. 요약

본 연구는 발달적 게임과 교육체조를 통합한 활동을 유치원의 연간 생활주제와 다시 통합하여 유아동작교육활동을 구성하고, 이를 유아교육 현장에 적용한 후, 유아의 기본운동능력, 지각운동능력, 기초체력, 신체적 자아개념이 향상되는지를 검증하는 것이 목적이었다.

발달적 게임과 교육체조를 통합한 유아동작교육활동의 구성 방향은 제6차 유치원 교육과정의 건강생활영역 및 표현생활영역관련 내용을 중심으로, 키츠너와 쿠닝함, 워렐(Kirchner, Cunningham & Warrell, 1974)의 동작교육 수업모형과 겔라후와 도넬리(Gallahue & Donnelly, 2003)의 발달적 게임과 교육체조의 이론에 근거하였다. 또한 유아의 기본운동능력, 지각운동능력, 기초체력, 신체적 자아개념의 발달을 위한 통합적 방향으로 구성하였다.

발달적 게임과 교육체조를 통합한 유아동작교육활동의 교육내용은 유치원의 연간생활주제와 통합하고, 기본운동 및 지각운동관련 기초영역과 대·소도구를 활용한 발달적 게임 및 교육체조 중심 응용영역의 통합된 활동으로 구성하였다. 발달적 게임의 단계와 내용은 이동운동, 안정운동, 조작운동 중심의 낮은 수준으로 전개되는 발달적 게임단계 I에 해당하는 내용과 단계 II 협력게임에 속하는 '그룹 시작(group initiatives)과 그룹 문제해결활동(group problem-solving)'으로 이루어지도록 하였다. 유아기에 적합한 교육체조는 체조 기술 I단계인 '신체조절(body control)'단계에서부터 II단계인 '균형 및 구르기(balancing and rolling)', III단계인 '무게의 전이(transfer of weight)', 마지막 IV단계인 '비행하는 신체(body in flight)' 수준으로 구성하였다.

본 연구의 발달적 게임과 교육체조를 통합한 유아동작교육활동은 국내외 관련 논문 및 자료 분석, 전문가 협의, 활동 설계 및 시안 구성, 예비실험 후 보완 단계를 거쳐 최종 마무리하였고 효과를 검증하기 위해 구성된 활동의 적용과 평가 단계를 거쳤다. 활동의 구성은 겔라후와 도넬리(2003)의 연구를 참고로, 교육과정의 순환적 4단계에 근거하였다. 즉 유아를 위한 동작교육활동의 목적 및 목표설정 단계, 목적과 목표를 성취할 수 있는 교육내용 조직 단계, 조직한 내용을 교수전략 및 교수원리를 적용하여 효율적으로 제시하는 교수·학습 단계 그리고 평가의 단계로 구성하였다.

발달적 게임과 교육체조를 통합한 유아동작교육활동의 교육내용 선정 및 조직은 발달 적합성의 원리, 나선형의 원리, 통합성의 원리를 적용하였으며 기초영역과 대·소도구활용 발달적 게임과 교육체조 중심의 응용영역이 통합된 총 34회 활동으로 구성하였다.

발달적 게임과 교육체조를 통합한 유아동작교육활동의 교수·학습 방법에서 교수원리는 놀이학습의 원리, 탐구학습의 원리, 개별화의 원리, 다감각적 표현활동의 원리, 통합의 원리를 적용하였다. 교수방법은 키츠너와 쿠닝함, 워렐(1974)이 제시한 제한적 방법(limitation method)에 따라 유아 중심의 비지시적 교수방법과 교사 중심의 지시적 교수방법의 상호작용 중심의 교수방법과 켈러의 '주의 촉진 전략' 방법을 택하였다.

교사는 안내 및 촉진자로서의 역할, 시범 및 설명자로서의 역할을 수행하며 결과보다는 활동과정을 격려하고 칭찬과 긍정적 강화를 하였다. 또한 창의적인 질문을 통해 유아의 사고를 자극하고 유발시키며 유아의 건강 및 정서상태, 운동능력의 개인차를 고려해 융통성 있게 활동을 전개하였다. 특히 유아발달에 적합한 발달적 게임과 교육체조의 성격을 알고, 성공지향적인 활동경험이 되게 하고 경쟁적이 되지 않도록 함으로써 유아에게 스트레스를 주지 않도록 하였다.

평가는 크게 교사의 자기평가와 교사의 유아에 대한 평가로 구성하였다. 교사의 자기평가는 활동 및 교수방법에 대한 평가, 유아들의 활동 이해정도, 참여 태도 등을 포함하였다. 교사의 유아에 대한 평가는 발달적 게임과 교육체조를 통합한 유아동작교육활동을 적용하고 사전, 사후에 기본운동능력, 지각운동능력, 기초체력, 신체적 자아개념 검사를 실시하였다.

유아를 위한 동작교육활동을 적용하고 기본운동능력, 지각운동능력, 기초체력, 신체적 자아개념에 미치는 효과를 알아본 결과는 다음과 같다.

첫째, 본 연구자가 구성한 발달적 게임과 교육체조를 통합한 동작교육활동은 기본운동능력의 하위요소 중 안정운동능력 검사 결과, 한 발 균형잡기, 굽히기와 펴기, 평균대 걷기에서 발달에 효과가 있는 것으로 나타났다.

둘째, 본 연구자가 구성한 발달적 게임과 교육체조를 통합한 유아동작교육활동은 기본운동능력의 하위요소 중 이동운동능력 검사 결과, 홉핑, 달리기, 겔로핑, 리핑, 수평점핑, 슬라이딩에서 발달에 효과가 있는 것으로 나타났다.

셋째, 본 연구자가 구성한 발달적 게임과 교육체조를 통합한 유아동작교육활동은 기본운동능력의 하위요소 중 조작운동능력 검사 결과, 공차기를 제외한, 공치기, 공받기, 오버핸드 던지기, 공굴리기, 공튀기기에서 발달에 효과가 있는 것으로 나타났다.

넷째, 본 연구자가 구성한 발달적 게임과 교육체조를 통합한 유아동작교육활동은 지각운동능력의 하위요소인 신체지각, 공간지각, 방향지각, 시간지각 발달에서 효과가 있는 것으로 나타났다.

다섯째, 본 연구자가 구성한 발달적 게임과 교육체조를 통합한 유아동작교육활동은 기초체력의 하위요소 중 근력, 순발력을 제외한 평형성, 유연성에서 긍정적인 영향을 준 것으로 나타났다.

여섯째, 본 연구자가 구성한 발달적 게임과 교육체조를 통합한 유아동작교육활동은 신체적 자아개념의 하위요인인 운동에 대한 유능감, 건강, 외모, 체력에서 긍정적인 영향을 준 것으로 나타났다.

Ⅱ. 결론 및 제언

앞에서 논의한 본 연구의 결과들을 종합하여 다음과 같은 결론을 내리고자 한다.

첫째, 발달적 게임과 교육체조를 통합한 유아동작교육활동은 유아의 기본운동능력을 발달시킨다고 할 수 있다.

발달적 게임은 경쟁과 결과 지향적 게임 형식과는 대조되는 것으로 협력적·문제해결적 방식으로 전개된다. 또한 발달적 게임의 단계 중 유아기에 적합한 게임은 규칙이 단순한 안정, 이동, 조작운동 중심의 '낮은 수준의 게임'과 '협력적 게임' 단계의 그룹 문제해결활동 수준까지로 활동이 구성된다. 또한 유아기에 적합한 교육체조는 자신의 운동기술과 능력을 시험하고 확인하는 '자기능력테스트(self-testing)'에 핵심이 있다.

다른 또래와의 경쟁이 아닌, 자기 자신의 운동기술과 능력에 관심이 모아지고, 또래와의 협력을 통해 문제를 해결해 나가는 발달적 게임과 교육체조는 유아기 동작교육 내용을 구성하는 게임과 체조의 형식으로서, 다양한 활동과 프로그램이 개발되어야 할 것이다.

둘째, 발달적 게임과 교육체조를 통합한 유아동작교육활동은 유아의 지각운동능력을 발달시킨다고 할 수 있다.

기본운동으로 전개되는 낮은 수준의 게임이나 협력적, 문제해결 방식의 발달적 게임활동과 자기능력테스트로 실시되는 교육체조활동을 통해 유아는 시간지각, 방향지각, 공간지각, 신체지각 등의 지각운동능력을 발달시킬 수 있게 될 것이다. 특히 대·소도구를 활용하며 진행되는 발달적 게임과 교육체조활동들은 운동기구의 사용으로 인해 그렇지 않을 때보다 높고 낮음의 인식, 좁고 넓음의 인식, 멀고 가까움의 인식, 안과 밖의 인식 등을 몸으로 직접 체험하게 됨으로써 지각운동능력의 발달을 가져올 수 있다는 점에서 다양한 대·소도구들을 활용한 게임과 체조 활동이 구성되어야 할 것이다.

셋째, 발달적 게임과 교육체조를 통합한 유아동작교육활동은 유아의 기초체력을 향상시킨다고 할 수 있다.

기초체력은 안정, 이동, 조작 운동 등의 기본동작들이 다양하게 전개되고 반복적, 지속적으로 실시될 때 향상을 가져올 수 있다. 유아기에 적합한 교육체조 기술인 기본동작들을 충분히 반복 연습하고 발달적 게임을 통해 익힌 기본동작들이 다시 반복, 심화되어 나타날 수 있도록 함으로써 기초체력의 향상을 가져올 수 있을 것이다.

넷째, 발달적 게임과 교육체조를 통합한 유아동작교육활동은 유아의 신체적 자아개념을 향상시킨다고 할 수 있다.

경쟁적 게임 활동은 자칫 유아에게 패배감을 안겨줄 수 있고 이로 인해 신체적 자아개념에 부정적 영향을 미칠 수 있다. 반면, 협력 지향의 발달적 게임과 또래의 신체능력과의 비교가 아닌 자신의 운동능력에 주의를 기울이고, 최선을 다하는 교육체조의 성격은 유아의 신체적 자아개념을 향상시켜 줄 것이다.

위와 같이, 발달적 게임과 교육체조를 통합한 유아동작교육활동을 통해 유아의 기본운동능력, 지각운동능력, 기초체력, 신체적 자아개념의 발달을 도모하는 것은 유아의 통합적 발달 측면에서 필요할 것이라 사료된다.

앞으로의 동작교육활동들은 팀을 나누고, 결승선이 그어지는, 나와 너의 가름이 생기는 경쟁적 활동이나, 한번 활동에 참가한 후에는 오랫동안 자기차례를 기다려야 하는 활동들은 지양되고, 유아 스스로 자신의 운동 행위에 최선을 다하고 또래와 협력하여 활동하는 과정에서 문제를 해결해 나갈 수 있는, 활동량과 운동량이 확보되는 활동과 프로그램들이 구성되어야 할 것이다.

부록

〈 i -1〉 안정운동능력 검사도구

영 역	항 목	평가기준
안정 운동	한 발로 균형 잡기 (One Foot Balance)	10초 동안 오른발로 균형을 잡을 수 있는가?
		10초 동안 왼발로 균형을 잡을 수 있는가?
		균형을 잡기위해 팔을 옆, 아래, 위로 조정하는가?
		균형을 잡을 때 양팔을 머리 위로 쭉 뻗고 들린 발을 반대 무릎에 대고 설 수 있는가?
	굽히기와 펴기 (Bending & Stretching)	앉은 자세에서 무릎을 펴서 양손을 발끝에 댈 수 있는가?
		앉은 자세에서 무릎을 펴서 옆으로 굽히기를 할 수 있는가?
		무릎을 꿇고 앉아서 허리를 뒤로 굽힐 수 있는가?
		선 자세에서 무릎을 펴고 허리를 굽혀 손바닥이 바닥에 닿는가?
	평균대 걷기 (Dynamic Balance)	보조자 도움 없이 앞으로 걸을 수 있는가?
		앞으로 걸을 때 머리 숙이지 않고, 시선을 정면을 향하는가?
		보조자 도움 없이 옆으로 걸을 수 있는가?
		옆으로 걸을 때 머리 숙이지 않고, 시선을 정면을 향하는가?

겔라후(Gallahue, 1993)의 Developmental Physical Education For Today's Children과 호프만과 영, 클레시어스(Hoffman, Young & Klesius, 1981)가 Meaning Movement For Children에서 제시한 Self-Assessment List와 Denver Development Screening Test를 준거로 하여 만든 김혜옥(1985)의 문항을 발췌하여 예비검사를 실시한 후, 측정요소를 수정·보완하여 개발한 이영심(1997, 2002)의 기본동작능력검사이다. 평가방법은 평가 세부

문항에 따라 정확하게 반응하면 1점, 틀리게 반응하면 0점 처리되며, 만점은 12점으로 구성되어 있다.

〈ⅰ-2〉 이동운동능력 검사도구

운동 능력	도구	지침	수행 기준	1차	2차	점수
갤로핑 (galloping)	약 8m정도의 공간, 테이프 두 개의 고깔	약 8m정도의 거리에 두 고깔을 배열한다. 두 개의 고깔사이 거리에서 갤로핑을 한다. 두 번째 시도할 때는 간곳에서 다시 돌아오도록 한다.	1. 도약할 때 팔을 구부려 허리 위치에 고정시킨다.			
			2. 먼저 나간 발은 앞으로 내딛고 먼저 나간 발의 가까이나 뒤로 다른 발을 끌며 따라 나간다.			
			3. 두 발이 지면에서 짧은 순간 떨어진다.			
			4. 네 번 연속하기 위해 리듬감 있는 패턴을 유지한다.			
달리기 (running)	달릴 수 있는 15m정도의 공간, 두 개의 고깔	두 고깔 사이의 거리는 약 12m 떨어지게 한다. 두 번째 고깔 외에 약 3m의 거리가 더 필요하다. 가능한 빨리 달리게 한다(2회).	1. 팔꿈치는 구부리고 팔과 다리는 엇갈려 움직인다.			
			2. 두 발이 지면에서 짧은 순간 떨어진다.			
			3. 발의 착지가 발꿈치로부터 발가락으로 닿는다.			
			4. 지면에 닿지 않은 발은 엉덩이에 닿을 만큼 90도 정도 구부린다.			
홉핑 (hopping)	최소한 5m의 공간	유아에게 원하는 발을 정하게 한 다음, 정한 발로 3번 이상 홉핑을 하도록 하며 반대발로도 3번 이상 홉핑을 하도록 한다(2회).	1. 지면에 닿지 않는 다리는 힘이 발생할 수 있도록 스윙(진자)형태로 흔든다.			
			2. 지면을 딛지 않는 발은 몸 뒤에 둔다.			
			3. 팔을 구부리며 앞으로 힘이 발생하도록 앞뒤로 흔든다.			

			4. 자기가 원하는 발로 3회 이상 홉핑을 연속한다.		
			5. 다른 발도 마찬가지로 3회 이상 홉핑을 연속한다.		
수평 점핑 (horizontal jumping)	최소한 3m 정도의 공간, 테이프	바닥에 출발선을 표시한다. 유아에게 가능한 멀리 뛰게 한다 (2회).	1. 팔을 몸 뒤로 편 다음 두 무릎은 구부리는 준비자세를 취한다.		
			2. 팔을 앞과 위를 향해 힘 있게 펴며 머리 위로 최대한 든다.		
			3. 도약 할 때와 착지할 때 두 발이 동시에 닿는다.		
			4. 착지하는 동안에 팔은 아래를 향한다.		
리핑 (leaping)	최소한 6m 정도의 공간, 유니바, 테이프	유니바를 바닥에 놓는다. 유니바에서 3m 정도 떨어진 위치에서 평행이 되게 테이프를 붙인다. 유아가 테이프 위에 서서 유니바로 달려가 한 발로 뛰어 넘도록 한다 (2회).	1. 한 발로 도약을 하고 다른 발로 착지한다.		
			2. 두 발이 지면에서 떨어지는 시간이 달릴 때 보다 더 길게 한다.		
			2. 뛰어넘는 발의 반대 팔이 앞으로 나온다.		
슬라이딩 (sliding)	최소한 8m정도의 공간, 곧은 선, 두 개의 고깔	선 위에 두 개의 고깔을 8m정도 떨어지도록 놓는다. 유아가 첫 번째 고깔에서 다른 고깔까지 갔다가 돌아오도록 한다(2회)	1. 몸을 옆으로 하여 어깨가 바닥에 있는 선과 수평이 되도록 한다.		
			2. 한 발은 옆으로 내딛고 다른 발은 끌면서 그 발 옆으로 이동한다.		
			3. 최소한 오른쪽 방향으로 4번 연속해서 움직인다.		
			4. 최소한 왼쪽 방향으로 4번 연속해서 움직인다.		

⟨ⅰ-3⟩ 조작운동능력 검사도구

운동 능력	도구	지침	수행 기준	1차	2차	점수
정지된 공치기 (striking a stationary ball)	지름 10㎝의 가벼운 공, 플라스틱 배 트와 배팅티 (공을 올려놓 을 수 있는 받침)	유아의 허리 높이에 맞게 배팅티를 준비하 고 공을 올려놓는다. 유 아에게 공을 치라고 말 한다(2회)	1. 주로 사용하지 않는 손 위에 주로 사용하는 손의 순서로 배트를 잡는다.			
			2. 발은 평행하게 한 상태로 가상의 토스자를 향해 주 로 쓰지 않는 쪽으로 몸 이 향하도록 한다.			
			3. 스윙할 때 엉덩이와 어깨 를 회전한다.			
			4. 무게중심이 앞 발 쪽으로 이동한다.			
			5. 공을 친다.			
오버핸드 던지기 (overhand throw)	테니스 공, 벽 면, 테이프와 약 7m의 빈 공간	벽에서 약 7m에 한 줄 의 테이프를 붙인다. 유 아는 벽을 향해 약 7m 떨어진 선 뒤에 선다. 유아에게 벽을 향해 공 을 세게 던지라고 말한 다(2회).	1. 팔/손을 아래로 하고 와 인드업(투구 전 동작)을 한다.			
			2. 던지지 않는 쪽을 벽 쪽 으로 향하게 하고 어깨 의 힘을 회전시킨다.			
			3. 던지는 팔의 반대 발을 움직여 무게중심을 이동 한다.			
			4. 볼을 던지면서 던지는 팔 의 반대쪽 대각선 방향 으로 팔로우 스로우 (follow-through)를 한다.			
공받기 (catch)	10㎝ 정도의 플라스틱 공, 약 5m의 빈 공간, 테이프	약 5m 떨어진 자리에 두 개의 선을 표시한 다. 유아가 한쪽 선에 서고 다른 한 선에는 살짝 던져주는 사람이 선다. 유아의 가슴 쪽 을 향해 직접 손아래 로 던져 준다. 유아에 게 두 손을 사용하여 공을 잡으라고 한다. 유아의 어깨와 허리 사이에서 일어난 받기 만 센다(2회).	1. 팔꿈치를 굽혀서 몸 앞쪽 으로 손을 내밀고 준비자 세를 취한다.			
			2. 공이 오면 공을 받기 위 해 팔을 벌린다.			
			3. 손만 이용해서 공을 잡는다.			

운동 능력	도구	지침	수행 기준	1차	2차	점수
제자리 공튀기기 (stationar y dribble)	3~5세 유아에게 는 20~25cm정도 의 공, 6~10세 의 유아는 조금 더 큰 공, 딱딱 한 바닥	유아에게 한 손을 사용하여 발을 움 직이지 않고 공을 4 번 튀겨보라고 한 다. 공을 잡으면서 공을 튀기라고 말 한다(2회)	1. 허리 높이에 맞추어 한 손으로 공과 접촉한다. 2. 손바닥이 아닌 손가락으 로 공을 민다. 3. 사용하는 손의 바로 옆 또는 앞쪽의 지면에서 튀긴다. 4. 발의 동작 없이 4번 연속 튀기를 한다.			
공차기 (kick)	20~25cm정도의 공, 또는 축구공, 약 10m의 빈 공 간과 테잎	벽에서 약 10m 떨 어진 곳에 선을 만 들고 벽에서 약 7m 떨어진 곳에 또 다 른 선을 긋는다. 벽 에 가장 가까운 선 위에 공을 올려놓 는다. 유아는 다른 선에 서며 달려가 벽을 향해서 공을 강하게 찬다(2회).	1. 공에 빠른 속도로 접근한다. 2. 공을 차기 위해 빠르게 리핑을 하거나 보폭을 크 게 늘린다. 3. 차지 않는 발의 위치는 공과 평행하게 놓거나 공의 조금 뒤에 놓는다. 4. 차는 발의 발등이나 발가 락으로 공을 찬다.			
아래로 공굴리기 (underhan -droll)	3~6세 유아는 테 니 스 공 , 7~10세는 소프 트볼, 2개의 고 깔, 테이프와 약 8m의 빈 공간	벽 앞에 약 1m정도 의 공간을 두어 2 개의 고깔을 놓는 다. 벽에서 약 7m 떨어진 바닥에 테 이프를 붙인다. 유 아에게 공을 세게 굴리라고 하며 고 깔 사이로 공이 가 도록 한다(2회).	1. 가슴이 고깔을 향한 상태 로 굴리는 손을 몸통 아 래에서 뒤로부터 스윙을 한다. 2. 굴리는 손의 반대 발을 고깔 쪽으로 한걸음 나 아간다. 3. 몸을 낮추기 위해 무릎을 구부린다. 4. 바닥에 가깝게 하여 공을 굴려 10cm보다 낮게 바운 드가 되게 굴린다.			

울리치(Ulrich, 2002)의 대근육 운동능력 검사(Test of gross motor development-Ⅱ)이다. 이 검사도구는 이동운동(달리기, 겔로핑, 홉핑, 리핑, 수평점핑, 슬라이딩) 6항목과 조작 운동(공치기, 공 튀기기, 공

받기, 공차기, 오버핸드 던지기, 공굴리기) 6항목의 총 12항목으로 구성되어있다. 각 항목별로 2회씩 실시하여 성공적인 수행을 했을 때는 1점 표시를 하고, 그렇지 못할 때는 0점으로 표시된다. 각 항목별 만점은 이동운동에서 달리기 8점, 겔로핑 8점, 홉핑 10점, 리핑 6점, 수평점핑 8점, 슬라이딩 8점으로 총 48점 만점이며, 조작운동에서는 공치기 10점, 공튀기기 8점, 공받기 6점, 오버핸드 던지기 8점, 공굴리기 8점으로 총 40점 만점으로 구성된다.

〈ⅰ-4〉 지각운동능력 검사도구

이름:　　　(성별: 남, 여)　　　관찰일시:　　　　관찰자:

영역	하위 개념		평가항목	점수	검사시기		총평
					사전	사후	
신체 지각	신체 모양	둥근 모양	1. 팔, 다리, 몸으로 동그라미 모양을 만들어 보자.	상(3) 중(2) 하(1)			
		곡선 모양	2. 곡선 모양을 제시하며, 몸으로 이 모양을 만들어 보자.	상(3) 중(2) 하(1)			
		세모 모양	3. 몸으로 세모모양을 만들어 보자.	상(3) 중(2) 하(1)			
		네모 모양	4. 몸으로 네모모양을 만들어 보자.	상(3) 중(2) 하(1)			
	신체 범위	가까이	5. 귀와 무릎을 가깝게 해보자.	상(3) 중(2) 하(1)			
		멀리	6. 손과 발을 멀리 떨어 뜨려보자.	상(3) 중(2) 하(1)			
	공간 위치	높게	7. 서거나 눕거나 앉아서 두발을 최고 로 높이 올려보자.	상(3) 중(2) 하(1)			
		낮게	8. 배꼽이 다른 부분보다 밑에 있게 만들어 보자.	상(3) 중(2) 하(1)			
공간 지각	공간 범위	좁게	9. 목표물 주위를 걸어 다니다가 목표 물과 가깝게 서보자.	상(3) 중(2) 하(1)			
		넓게	10. 목표물 주위를 걸어 다니다가 목 표물과 넓게 서보자.	상(3) 중(2) 하(1)			
	공간 관계	옆에	11. 훌라후프에 몸이 닿지 않고 통과 해 보자(30㎝ 간격 2개).	상(3) 중(2) 하(1)			
방향 지각	양측 성	앞 / 뒤	12. 눈감고 앞으로 / 뒤로, 앞으로 / 뒤 로 가보자.	상(3) 중(2) 하(1)			
		오른쪽		상(3)			

영역	하위 개념	평가항목	점수	검사시기		총평
				사전	사후	
시간 지각	/ 왼쪽	13. 눈감고 오른쪽 / 왼쪽으로 가보자.	중(2) 하(1)			
	위 / 아래	14. 오른손은 위로 올리고, 왼손은 아래로 내려보자.	상(3) 중(2) 하(1)			
	방향 성	앞/뒤, 오른쪽 / 왼쪽, 대각선	15. 화살표 방향대로 걸어보자.	상(3) 중(2) 하(1)		
	속도	빠르게 / 느리게	16. 리듬막대에 맞추어 손뼉을 쳐보자.	상(3) 중(2) 하(1)		
	리듬	박자	17. 교사의 시범을 본 후 하나, 둘, 셋에 뛰어보자(4회).	상(3) 중(2) 하(1)		
	동시 성	눈 - 손 협응	18. 풍선치기를 한 손으로 5번씩 해보자.	상(3) 중(2) 하(1)		
		눈 - 발 협응	19. 2m 앞에서 굴려준 공을 발로 차보자.	상(3) 중(2) 하(1)		

이영심(1997)의 지각운동능력 검사와 겔라후(1998)의 지각운동능력 검사를 토대로 구성한 황순각(2000)의 지각운동능력 검사지이다.

이 검사도구는 신체지각, 공간지각, 방향지각, 시간지각의 4개 하위요인 총 19문항으로 구성되어 있다. 이 도구는 3점 Likert 척도로 구성되어 있으며, 평가기준은 각각의 문항을 제시하고 3초 이내에 정확하게 수행하면 3점, 3초 이내에 다른 친구를 보고 정확하게 수행하거나 혼자서 생각한 다음 비슷하게 하면 2점, 3초가 지난 후에 하거나 못하면 1점이 주어진다.

〈ⅰ-5〉 신체적 자아개념 검사도구

* 검사는 유아와 검사자 1:1 면접으로 실시한다.
* 유아와 면접을 시작하기 전 친밀감을 형성하기 위해 2분 정도 신상에 관한 질문을 하여 유아의 긴장을 완화시킨 후 다음과 같이 말한다.
  "이제부터 재미있는 게임을 하려고 하는데 선생님이 물어보면 ○○가 대답하는 게임이야. 게임에는 맞고 틀리는 답이 없기 때문에 ○○가 생각나는 대로 말하는 게 가장 좋은 답이란다."

이름: 성별: 나이:

아니다	조금 그렇다	조금 많이 그렇다	많이 그렇다
1	2	3	4

1. 나는 너무 뚱뚱하다.
2. 내 몸을 구부리고 비틀고 돌리기를 잘 할 수 있다(몸으로 보여 주면서).
3. 나는 감기에 잘 걸린다.
4. (허리가 어디 있는지 짚어보게 한 후) 내 허리가 너무 뚱뚱하다.
5. 나는 운동을 잘 한다.
6. 나는 힘이 세다.
7. 나는 바깥놀이 운동(미끄럼, 그네, 철봉, 시소)이 쉽다.
8. 처음 보는 놀이를 할 때 자신이 있다.
9. 나는 내 친구들보다 세다.
10. 나는 몸무게가 많이 나간다.
11. 나는 못 생겼다.
12. 나는 자주 아프다.
13. 나는 내 친구들보다 운동을 잘한다.
14. 나는 오래 운동을 하면 힘들다.

아니다	조금 그렇다	조금 많이 그렇다	많이 그렇다
1	2	3	4

15. 나는 병이 걸렸을 때 낫는 데 오래 걸린다.
16. 친구들보다 아파서 병원에 더 자주 간다.
17. 나는 무거운 물건을 잘 든다.

마쉬와 리차드(Marsh & Richards, 1994)의 신체적 자아 기술 질문지(Physical Self-Description Questionnaire: PSDQ)를 참고로 유아 자아개념을 측정하도록 일련의 측정도구 타당성 검증을 실시한 황순각(2000)의 유아 신체적 자아개념 척도이다. 본 척도는 외모, 체력, 건강, 유능감의 4개의 하위척도 총 17문항으로 구성되어 있으며, 아니다(1점), 조금 그렇다(2점), 조금 많이 그렇다(3점), 많이 그렇다(4점)로 4점 Likert 척도로 되어 있다.

ii. 발달적 게임과 교육체조를 통합한 유아동작교육활동 계획안

발달적 게임과 교육체조를 통합한 유아동작교육활동 계획안(3월 1차)					
생활 주제	즐거운 유치원	교육 활동 요소	발달적 게임과 교육 체조	발달적 게임 단계와 내용	발달적 게임 I - 안정운동과 조작운동의 낮은 수준게임 발달적 게임 II - 협력게임의 그룹시작 발달적 게임 II - 협력게임의 그룹 문제 해결활동
활 동 명	풍선을 높이 높이!			교육체조 단계와 내용	교육체조기술 I - 신체조절 교육체조기술 II - 비전통적 균형
교 육 목 표	* 몸 중에서 구부리기 / 펴기를 할 수 있는 부위를 안다. * 제자리에서 느리게/빠르게, 낮게 / 높게 돌 수 있다. * 다양한 신체부위의 명칭을 알고 풍선을 다양한 신체부위로 높이 칠 수 있다. * 풍선을 높이 친 상태에서 양손으로 바닥을 짚고 민첩하게 일어나 풍선을 잡을 수 있다. * 풍선을 높이 친 상태에서 제자리에서 한바퀴 돌아 떨어지는 풍선을 잡을 수 있다. * 풍선을 바닥에 튀겨서 양손으로 잡거나, 발등/발가락/발바닥으로 찰 수 있다.				
준비물	* '휘파람 부르며' 음악, 풍선				

도입
단계
(준비
운동)
	* 오늘 할 활동에 대해 간단히 소개하기
	  -교사: 오늘은 친구들이 좋아하는 풍선을 가지고 놀 거예요!
	  -유아: 우와!
	* '휘파람 부르며' 노래에 맞춰 가볍게 맨손체조를 한다.				

움
직
임
익
히
기
단
계
	* 우리 몸 중에서 구부리고 펴지는 곳은 어디일까?
	  -교사: 우리 몸 중에서 어디가 구부려지고 펴질까요?
	  -유아: 손요, 허리요……(직접 모양을 보인다).
	  -교사: 맞아요. 손 중에서도 이렇게 손목, 손가락이 구부려지고 펴지네요. 허리도
	      이렇게 앞 / 뒤로 구부려지고 펴지네요. 또 어디가 있을까?
	  -유아: 음……발가락요. 귀요……(귀를 손으로 만지며).
	  -교사: 그렇네. 발가락도 이렇게 꼼지락꼼지락 구부려졌다가 펴지네. 귀는 손으로
	      만져야만 구부려지고 펴지네요.
	  -교사: 다들, 너무 잘 아네요. 그럼 이번엔, 앉아서 천천히 한 바퀴 돌아볼까? 어떻
	      게 해야 돌지? 서서 빠르게 한번 돌아보자. 어떻게 해야 할까?				

	* 풍선으로 무엇을 할 수 있을까?
	  -교사: 이 풍선으로 무엇을 하며 놀 수 있을까?
	  -유아: 이렇게요, 이렇게요(저마다 풍선을 가지고 제자리에서 움직여본다. 풍선을
	      손바닥으로 치거나 바닥에 긁어보는 유아, 발로 차보는 유아, 던져보는 유아 등이
	      보인다).
	* 풍선이 되었어요!
	  -교사: (바람 없는 풍선에 공기를 불어 넣으며)친구들이, '후우'하면 커질 거야. (챈
	      트를 한다) 노랑풍선을(유아들 '후우' 바람 부는 흉내를 낸다) 점점 불어서(후우), 아
	      주 크게(후우). 친구들도 이 풍선처럼 바닥에 엎드려 아주 작게 있다가 선생님이 노
	      래 부르며 '후우'하면 아주 큰 풍선이 되어 봐 줄래?				

	발달적 게임과 교육체조를 통합한 유아동작교육활동 계획안(3월 1차)
대 · 소 도 구 활 용 단 계 (생 활 주 제 통 합)	- 교사: 그럼, 이번엔 동그라미 풍선처럼 우리 몸으로 동그라미를 만들어볼까? 동그라미를 어떻게 만들지? - 교사: 음, 손과 발을 모아 동그라미를 만들 수 있구나. 그럼 바닥에 앉거나 엎드려서도 만들어 볼까? * 신체부위로 풍선치기 - 교사: 이제, 우리 신체 부위로 풍선을 높이 높이 쳐볼 건데, 어떤 신체부위로 쳐 볼 수 있을까? - 유아: 손요. 발요. 머리요. 팔꿈치요…… - 교사: 맞아요, 그럼 이제 선생님이 신나는 음악을 틀어줄 건데, 먼저 손바닥으로 음악이 나오면 쳐 보도록 하자. 그런데 음악소리가 멈추고 북소리가 쿵하고 나면 풍선을 잡고 '그대로 멈춰라'하세요(음악을 틀어주면, 유아들 신나게 손바닥으로 풍선을 높이 친다). * 다양한 풍선놀이 활동 - 교사: 이젠 좀 어려운 것을 해볼 건데, 풍선을 높이 던진 후, 제자리 한 바퀴 돌며 떨어지는 풍선을 잡아볼 거야. 이렇게(시범 보인다), 이번엔, 이렇게 앉았다 일어나며 풍선을 잡아볼까? 박수 3번 이상 치고 풍선이 떨어지기 전에 잡아볼까? 풍선을 바닥에 한 번 세게 튀기고 잡아볼까?(시범보인 후, 유아들 실시한다) 
평가 단계	- 교사: 풍선으로 어떤 놀이할 때 가장 힘들었나요? - 유아: 앉았다 일어날 때요. 휘익 돌고 잡을 때요…… - 교사: 그랬구나. 앉았다 일어나며 풍선 잡으려니 많이 힘들었구나. 그래도 친구들 다리가 튼튼해졌을 거야(가볍게 정리운동을 한 후 인사한다).

발달적 게임과 교육체조를 통합한 유아동작교육활동 계획안(3월 2차)					
생활 주제	즐거운 유치원	교육 활동 요소	발달적 게임과 교육 체조	발달적 게임 단계와 내용	발달적 게임 I - 조작운동의 낮은 수 준게임 발달적 게임 II - 협력게임의 그룹시작 발달적 게임 II - 협력게임의 그룹 문 제해결 활동
활동명	개인 풍선 전달!			교육체조 단 계와 내용	교육체조기술 I - 신체조절 교육체조기술 II - 비전통적 균형
교육 목표	* 몸 중에 꼬기 / 비틀기를 할 수 있는 곳을 알고 움직인다. * 위 / 아래, 좌 / 우를 알고 풍선을 전달할 수 있다. * 풍선을 던져서, 발로 차서 친구에게 전달할 수 있다.				
준비물	* '휘파람 부르며' 음악, 풍선				
도입 단계 (준비 운동)	* '휘파람 부르며' 노래에 맞춰 가볍게 맨손체조를 한다. * 오늘 할 활동에 대해 간단히 소개하기				
움직임 익히기 단계	* '꽈배기'처럼 몸을 비비 꼬아요! - 양팔, 양 다리 / 팔과 다리를 함께 꼬아요. * 몸 중에서 비틀어지는 곳은? - 양팔을 크게 벌려, 손바닥을 위로 가게 돌리면 팔이 비틀어져요. - 다리를 펴고 앉아서, 양손으로 바닥을 짚고 허리를 오른쪽 / 왼쪽으로 비틀어 봐요. 				
대·소 도구 활용 단계 (생활주 제 통합)	* 풍선을 전달하려면? - 짝을 정한 후, 2인 1조당 한 개의 풍선을 나누어준다. - 친구에게 풍선을 어떻게 줄 수 있을까? 　직접 손으로 건네주기 / 던져 주기 / 발로 차서 주기 * 이렇게도 전달 해 보자. - 서로 등과 발뒤꿈치를 마주 댄다. - 약속을 정해 한 유아만 한 걸음 앞으로 걷는다. - 서로 등을 뒤로 구부려 머리 위로 / 머리를 숙여 다리 사이로 / 양 옆으로 풍선을 　연속해서 주고받는다. - 두 집단으로 나누어, 머리 위로 / 머리를 숙여 다리 사이로 / 양 옆으로 풍선전달을 한다.				

발달적 게임과 교육체조를 통합한 유아동작교육활동 계획안(3월 2차)	
대·소 도구 활용 단계 (생활주 제 통합)	
평가 단계	* 위 / 아래, 좌 / 우를 알고 풍선을 전달하는가? * 몸에서 꼬고 비틀어지는 부위를 알고 움직이는가?

발달적 게임과 교육체조를 통합한 유아동작교육활동 계획안(3월 3차)					
생활 주제	즐거운 유치원	교육 활동 요소	발달적 게임과 교육 체조	발달적 게임 단계와 내용	발달적 게임 I - 조작운동의 낮은 수준 게임
활동명	단체 풍 선전달!				발달적 게임 II - 협력게임의 그룹시작
					발달적 게임 II - 협력게임의 그룹 문제해결 활동
				교육체조 단 계와 내용	교육체조기술 I - 신체조절
					교육체조기술 II - 비전통적 균형
					교육체조기술 III - 무게의 전이
					교육체조기술 IV - 비행하는 신체

교육 목표	* 다리를 벌려 뜀틀을 넘을 수 있다. * 풍선을 머리 위, 다리 사이, 좌우로 전달할 수 있다.
준비물	* '알록달록 콩콩이', '휘파람 부르며' 음악, 풍선, 뜀틀
도입 단계 (준비 운동)	* '휘파람 부르며' 노래에 맞춰 가볍게 맨손체조를 한다. * 오늘 할 활동에 대해 간단히 소개하기

움직임 익히기 단계	* 뜀틀 뛰어넘기 - (교사 시범 보이며) 뜀틀 위에 양손을 짚고 다리를 벌리며 점프, 뛰어넘어보자.
대·소 도구 활용 단계 (생활 주제 통합)	* 풍선을 머리 위로, 다리 사이로, 좌우로 전달하기 - 6~8명으로 소그룹을 만든다. - 한 줄 기차로 세운 뒤, 양손을 높이 들어 머리 위로 / 발을 벌려 다리 사이로 / 허리를 틀어 왼쪽, 오른쪽으로 풍선 전달하기 * 터널 지나 전달하기 - 줄의 맨 앞의 유아가 풍선을 쥐고, 다른 유아들은 다리를 크게 벌리고 양손은 머리 위로 높이 든다. - 풍선을 쥔 유아는 기기로 다리 사이를 지나간다. - 뒤 끝까지 가면, 쥐고 있던 풍선을 앞 유아에게 전달한다.

발달적 게임과 교육체조를 통합한 유아동작교육활동 계획안(3월 3차)
대·소 도구 활용 단계 (생활 주제 통합)	  
평가 단계	* 다리를 벌려 뜀틀을 넘는가? * 풍선을 머리 위, 다리 사이, 좌우로 전달하는가?

발달적 게임과 교육체조를 통합한 유아동작교육활동 계획안(3월 4차)					
생활 주제	즐거운 유치원			발달적 게임 단계와 내용	발달적 게임 I - 이동운동의 낮 은 수준게임
활동명	무지개 낙 하산 흔들 며 돌기!	교육 활동 요소	발달적 게임과 교육 체조		발달적 게임 II - 협력게임의 그 룹시작 발달적 게임 II - 협력게임의 그 룹 문제해결 활동
				교육체조 단계와 내용	교육체조기술 I - 신체조절
교육 목표	* 친구랑 양손을 잡고 전후좌우로 걷고 달릴 수 있다. * 높게 / 낮게를 일고 무지개 낙하산을 흔들 수 있다. * 무지개 낙하산을 높게 / 낮게 흔들며 옆으로 리듬감 있게 걷고 달릴 수 있다.				
준비물	* '휘파람 부르며', '빙빙 돌아라' 음악, 대형 무지개 낙하산				
도입 단계 (준비 운동)	* '휘파람 부르며' 노래에 맞춰 가볍게 맨손체조를 한다. * 오늘 할 활동에 대해 간단히 소개하기				
움직임 익히기 단계	* 친구들과 손을 잡고 전후좌우로 걷기 / 달리기 - 2명씩 손을 잡고 전후좌우로 걷기 / 달리기 - 2명씩 손을 잡고 '빙빙 돌아라' 노래에 맞춰 전후좌우로 리듬감 있게 걷기 / 달리기 - 4명씩, 6명씩, 8명씩 손잡자 - 4, 6, 8명씩 손을 잡고 '빙빙 돌아라' 노래에 맞춰 전후좌우로 리듬감 있게 걷기 / 달리기				
대·소 도구 활용 단계 (생활 주제 통합)	* 무지개 낙하산 탐색 - 무지개 낙하산을 펼쳐 놓는다 - 무지개 낙하산을 만져도 보고, 흔들어도 보며 탐색하기 * 무지개 낙하산 낮게 / 높게 흔들며 동그랗게 걷기 - 무지개 낙하산을 낮게(무릎 높이) / 높게(머리 위로)들어 전후좌우로 흔들며 동그 랗게 걷기 / 달리기 - '빙빙 돌아라' 노래에 맞춰 리듬감 있게 옆으로 걷기 / 달리기 				
평가 단계	* 친구들과 양손을 잡고 전후좌우로 걷고 달릴 수 있는가? * 높게 / 낮게 개념을 알고 무지개 낙하산을 흔들 수 있는가? * 무지개 낙하산을 높게 / 낮게 흔들며 옆으로 리듬감 있게 걷고 달릴 수 있는가?				

발달적 게임과 교육체조를 통합한 유아동작교육활동 계획안(4월 1차)					
생활 주제	봄 / 색과 모양			발달적 게임 단계와 내용	발달적 게임 I - 이동운동의 낮은 수준게임
					발달적 게임 II - 협력게임의 그룹시작
		교육 활동 요소	발달적 게임과 교육 체조		발달적 게임 II - 협력게임의 그룹 문제해결 활동
활동명	개구리처럼 점핑!			교육체조 단계와 내용	교육체조기술 I - 신체조절
					교육체조기술 II - 비전통적 균형
					교육체조기술 III - 무게의 전이
					교육체조기술 IV - 비행하는 신체

교육 목표	* 팔과 다리가 리듬감 있게 움직이며 수평 및 수직 점프를 할 수 있다. * 개구리의 뛰는 모습을 표현할 수 있다. * 정해진 약속을 지키며 훌라후프를 천천히 흔들 수 있다. * 안/밖, 전/후/좌/우 개념을 알며 개구리처럼 점핑할 수 있다.
준비물	* '휘파람 부르며' 음악, 훌라후프
도입 단계 (준비 운동)	* '휘파람 부르며' 노래에 맞춰 가볍게 맨손체조를 한다. * 오늘 할 활동에 대해 간단히 소개하기
움직임 익히기 단계	* 높게/멀리 점핑해 보자. - 교사가 양팔과 무릎을 리듬감 있게 구부리며 시범을 보인다. - 제자리에서 양팔을 앞뒤로 크게 흔들어 무릎도 굽혔다 펴보자. - 제자리에서 아주 높게 점핑해 보자. - 제자리에서 아주 멀리 점핑해 보자. * 개구리처럼 먹이를 잡아보자. - 개구리가 되어 자유롭게 전후좌우 움직여보기 - 교사의 신호에 따라 왼쪽/오른쪽, 앞/뒤에서 날아다니는 먹이를 손바닥으로 쳐보자. - 왼쪽/오른쪽, 앞/뒤 머리 위에 파리가 날고 있네. 점핑해 손바닥으로 잡자.
대·소 도구 활용 단계 (생활)	* 개구리야 연못(훌라후프)을 어떻게 건널 수 있니? - 2인 1조로 후프를 하나씩 나누어준다. - 후프를 잡은 유아는 후프를 바닥에 놓고 위/아래로 조금씩 흔들고, 후프가 없는 유아는 개구리가 되어 후프 연못을 자유롭게 건너본다. 위치를 바꾸어서도 한다. - 출렁이는 후프 연못을 멀리서 뛰어와 한 번에 넘는 유아, 후프 안으로 들어갔다 다시 밖으로 나오는 유아…… * 다양한 방식으로 후프 연못을 건너보자. - 개구리처럼 점핑하며 후프 안/밖을 넘어보자. - 양손은 후프 안에, 양발은 후프 밖에 두었다가, 양발을 힘껏 차며 넘어보자. * 후프 연꽃 위를 지그재그로 넘어보자. - 바닥에 후프를 지그재그 모양으로 여러 개 놓는다. - 차례대로 지그재그로 왔다 갔다 하며 개구리처럼 후프 연꽃 위를 연속해서 뛰어 넘는다.

발달적 게임과 교육체조를 통합한 유아동작교육활동 계획안(4월 1차)	
주제 통합)	 
평가 단계	* 팔과 다리가 리듬감 있게 움직이며 높게 / 멀리 점핑할 수 있는가? * 안과 밖, 전후좌우 방향으로 개구리처럼 점핑해 이동할 수 있는가? * 지그재그 모양의 후프를 민첩하게 방향전환하며 점핑해 이동할 수 있는가?

발달적 게임과 교육체조를 통합한 유아동작교육활동 계획안(4월 2차)				
생활 주제	봄 / 색과 모양	교육 활동 요소	발달적 게임과 교육 체조	발달적 게임 단계와 내용	발달적 게임Ⅰ-안정운동의 낮은 수준 게임 발달적 게임Ⅱ-협력게임의 그룹시작 발달적 게임Ⅱ-협력게임의 그룹 문제 해결 활동
활동명	모양 나라!			교육체조 단계와 내용	교육체조기술Ⅰ-신체조절
교육 목표	* 신호에 따라 전후좌우로 방향을 바꾸어 걷기 / 달리기를 할 수 있다. * 제자리에서 넘어지지 않고 한 바퀴 돌 수 있다. * 3초 이상 넘어지지 않고 배 / 양손과 양팔을 들어 올릴 수 있다. * 균형을 잃지 않고 좁은 길을 걸을 수 있다.				
준비물	* '휘파람 부르며' 음악, 북, 색 테이프, 모양판				
도입 단계 (준비 운동)	* '휘파람 부르며' 노래에 맞춰 가볍게 맨손체조를 한다. * 오늘 할 활동에 대해 간단히 소개하기				
움직임 익히기 단계	* 신호에 따라 방향전환하며 걷기, 달리기 - 즐거운 음악이 나오면 가고 싶은 방향으로 걸어요 / 달려요. - 음악이 멈추고 북소리가 나면 전후좌우 방향을 바꾸어 걸어요 / 달려요. - 걷기 / 달릴 때는 즐거운 음악을 계속 틀어주고, 방향을 바꿀 때는 음악을 멈추고 북을 크게 한 번 친다.				
대·소 도구 활용 단계 (생활 주제 통합)	* 모양나라를 탐험해요! - 색 테이프로 모양나라 길을 설치하고, 중간에 동그라미 모양판, 세모 모양판, 네 모 모양판을 둔다. - 모양나라 길을 걸을 때는 양팔을 벌리고 앞, 옆, 뒤로 걷는다. - 동그라미 모양판에 도착해서는 슈퍼맨(배를 모양판 위에 대고, 양발과 양손을 높 이 들어 나는 흉내를 낸다) 움직임을 취한다. - 세모 모양판에 도착해서는 책상(뒤로 엎드려, 양손과 양팔을 높이 든다)모양을 흉 내낸다. - 네모 모양판에 도착해서는 회오리바람(제자리에서 한바퀴 '휘익'돈다)을 흉내 낸다. - 북 소리가 나면 모양판 나라에서 하던 움직임을 멈추고 다시 다른 모양판 나라로 이동한다. 				

발달적 게임과 교육체조를 통합한 유아동작교육활동 계획안(4월 2차)	
평가 단계	* 음악소리와 북소리에 민감하게 반응하며 신호에 따라 방향을 전환하며 걷기/달리기를 하는가? * 슈퍼맨, 책상, 회오리바람 동작을 해낼 수 있는가? * 균형을 잡고 좁은 색 테이프 길을 앞, 옆, 뒤로 걸을 수 있는가? * 동그라미, 네모, 세모를 구별하며 거기에 맞는 정해진 동작을 기억하는가?

발달적 게임과 교육체조를 통합한 유아동작교육활동 계획안(4월 3차)				
생활 주제	봄 / 색과 모양	교육 활동 요소	발달적 게임과 교육 체조	발달적 게임 단계와 내용	발달적 게임Ⅰ－안정운동의 낮은 수준 게임 발달적 게임Ⅱ－협력게임의 그룹시작 발달적 게임Ⅱ－협력게임의 그룹 문제 해결 활동
활동명	고무줄 밴 드로 모양 을 만들자!			교육체조 단계 와 내용	교육체조기술Ⅰ－신체조절 교육체조기술Ⅱ－파트너와 힘의 균형 과 긴장

교육 목표	* 짝과 서로 도와가며 네모 / 세모 / 동그라미 모양을 창의적으로 표현할 수 있다. * 네모 / 세모 / 동그라미 모양을 다양한 방식으로 표현할 수 있음을 안다. * 고무줄 밴드로 네모 / 세모 / 동그라미 모양을 만들어 균형을 잡을 수 있다.
준비물	* '휘파람 부르며' 음악, 고무줄 밴드
도입 단계 (준비 운동)	* '휘파람 부르며' 노래에 맞춰 가볍게 맨손체조를 한다. * 오늘 할 활동에 대해 간단히 소개하기
움직임 익히기 단계	* 짝이랑 네모, 세모, 동그라미를 만들어요! －(짝을 정해 주고) 우리 몸으로 짝이랑 힘을 합쳐 네모 / 세모 / 동그라미를 만들려 면 어떻게 해야 할까? －서로 발과 발, 손과 손을 맞대어 네모, 세모, 동그라미를 유아들이 자유롭게 만든다. －이번엔, 선생님처럼 한 번 해 볼까? －서서 / 앉아서 / 엎드려서 서로 양손을 높이 들고 마주 대며 세모를 만든다. －옆으로 서서 발을 벌리고, 서로 양손을 마주 잡아 큰 동그라미를 만든다. －한 명은 바닥에 눕고, 다른 한 명은 그 위에 반대로 누워 네모를 만든다. 이때, 밑 에 있는 유아가 양 발목을 팔을 펴서 잡는다. 위에 있는 유아는 양팔을 쭉 펴서 몸을 지탱한다.

대·소 도구 활용 단계 (생활 주제 통합)	* 고무줄 밴드로 모양을 만들어요! – 고무줄 밴드를 하나씩 나누어준다. – 이 친구이름을 무엇으로 지을까? 이것으로 무엇을 할 수 있을까? – 유아들 자유롭게 탐색의 시간을 갖는다. 고무줄 밴드를 양손을 당겼다 놓았다 하는 유아들이 대다수이다. – 그럼, 이번엔 선생님과 같이 이렇게 몸을 지탱해보자! – 양손으로 밴드 윗부분을 잡고 한 발만을 밴드 아래쪽에 올린 체, 앞 / 옆 / 뒤로 발을 들어본다. 3초 정도 몸을 지탱해본다. – 앉아서도 위 방식처럼 한 발만을 번갈아 밴드에 올려 앞으로 높이, 옆으로 높이 들어본다. – 고무줄 밴드로 네모 / 세모 / 동그라미도 만들어보자! – 양발로 밴드 아랫부분을 밟고 양손으로 윗부분을 꼭 잡고 네모 / 세모 / 동그라미 모양을 만들어본다.  
평가 단계	* 짝과 서로 도와가며 네모 / 세모 / 동그라미 모양을 창의적으로 표현해내는가? * 네모 / 세모 / 동그라미 모양을 짝과 표현했을 때, 서로 힘의 균형을 유지하며 잠시 동안 멈출 수 있는가? * 고무줄 밴드를 사용하여 네모 / 세모 / 동그라미 모양을 만들 수 있고, 몸의 균형도 잡을 수 있는가?

발달적 게임과 교육체조를 통합한 유아동작교육활동 계획안(4월 4차)					
생활 주제	봄 / 색과 모양	교육 활동 요소	발달적 게임과 교육 체조	발달적 게임 단계와 내용	발달적 게임Ⅰ-안정운동과 이동운동 의 낮은 수준게임 발달적 게임Ⅱ-협력게임의 그룹시작 발달적 게임Ⅲ-협력게임의 그룹 문 제해결활동
활동명	봄나 들이!			교육체조 단계와 내용	교육체조기술Ⅰ-신체조절 교육체조기술Ⅱ-균형 및 구르기 중 옆구르기
교육 목표	* 북소리의 강약에 반응하며 큰 원 안 / 밖으로 발을 바꾸어가며 홉핑을 할 수 있다. * 매트 언덕 위에서 양손을 머리 위로 들어 / 가슴 쪽에 당겨 옆으로 연속해서 구를 수 있다. * 높이가 있는 징검다리 블록을 홉핑으로 건널 수 있다.				
준비물	* '휘파람 부르며' 음악, 색 테이프, 북, 매트, 블록				
도입 단계 (준비 운동)	* '휘파람 부르며' 노래에 맞춰 가볍게 맨손체조를 한다. * 오늘 할 활동에 대해 간단히 소개하기				
움직임 익히기 단계	* 홉핑 / 옆구르기를 해보자! -색 테이프로 큰 원을 설치한다. -북소리가 작게 날 때는 색 테이프 안에서 홉핑을 / 크게 날 때는 밖에서 홉핑을 한다. 이때, 발은 편한 데로 바꾸도록 한다. -자유롭게 바닥을 마음껏 옆으로 구른다. 이때, 세 그룹으로 나누어 서로 구르다 발로 상대방의 얼굴을 차지하도록 주의시킨다. -구르기 전에, 양손을 머리 위로 높이 올려 잡거나 가슴에 품고 구르도록 시범을 보 인다.				
대·소 도구 활용 단계 (생활 주제 통합)	* 봄나들이를 떠나요! -긴 매트와 동그라미 블록을 바닥에 미리 설치해 둔다. -이제, 봄나들이를 가볼 거예요! 차례대로 나가 앞에 보이는 것을 한번 만지고 오 자. 유아들 매트와 블록을 손으로 만지고 두들기고 돌아온다. -그럼, 매트 언덕이랑 블록으로 놓인 징검다리를 조심해서 건넜다가 오자! 언덕 밖으로 / 연못 밖에 빠져 물에 젖지 않도록 조심해요! -언덕을 구를 때는 양손을 머리 위 / 가슴 쪽에 당겨 옆으로 구르고, 징검다리를 건 널 때는 홉핑으로 건너자!				

	발달적 게임과 교육체조를 통합한 유아동작교육활동 계획안(4월 4차)
대·소 도구 활용· 단계 (생활 주제 통합)	 
평가 단계	* 색 테이프 안과 밖을 홉핑으로 이동하는가? * 징검다리 블록을 홉핑으로 이동하는가? * 양손은 머리 위에 들어 / 가슴 쪽에 당겨 매트 위를 연속해서 옆으로 구르는가?

발달적 게임과 교육체조를 통합한 유아동작교육활동 계획안(5월 1차)					
생활 주제	나와 가족	교육 활동 요소	발달적 게임과 교육 체조	발달적 게임 단계와 내용	발달적 게임Ⅰ-안정운동의 낮은 수준 게임 발달적 게임Ⅱ-협력게임의 그룹시작 발달적 게임Ⅱ-협력게임의 그룹 문제해결 활동
활동명	떼구르르 굴러! 엄마, 아빠에게로			교육체조 단계 와 내용	교육체조기술Ⅰ-신체조절 교육체조기술Ⅱ-균형 및 구르기 중 앞/옆구르기
교육 목표	* 양손으로 작은/큰 동그라미를 그릴 수 있다. * 한 손은 작은 동그라미를, 다른 한 손은 큰 동그라미를 동시에 해본다. * 교사의 도움을 받아 경사진 곳을 앞구르기 할 수 있다. * 다양한 신체부위의 명칭을 안다.				
준비물	* '휘파람 부르며' 음악, 평균대, 매트				
도입 단계 (준비 운동)	* '휘파람 부르며' 노래에 맞춰 가볍게 맨손체조를 한다. * 오늘 할 활동에 대해 간단히 소개하기				
움직임 익히기 단계	* 양손으로 동그라미 그리기 - 양손을 앞으로 쭉 뻗어 안에서 밖으로, 밖에서 안으로 큰 동그라미 그리기 - 양손을 앞으로 쭉 뻗어 안에서 밖으로, 밖에서 안으로 아주 작은 동그라미 그리기 - 한 손은 작은 동그라미를, 반대 손은 큰 동그라미를 함께 그려보기/반대로도…… * 경사매트 앞구르기 - 평균대와 매트를 경사지게 설치한다. - 미끄럼틀을 구르며 몸으로도 동그라미를 그려보자. - 평균대를 앞으로 걸은 후, 경사매트를 앞으로 구르며 전체 몸으로 동그라미모양 을 만든다(교사는 한 손으로 유아의 머리 뒤 부분과 양발을 가볍게 받쳐주며 쉽 게 굴러가도록 돕는다). 				

	발달적 게임과 교육체조를 통합한 유아동작교육활동 계획안(5월 1차)

대·소
도구
활용
단계
(생활
주제
통합)
	* 떼구르르 굴러, 엄마, 아빠에게로!
	-2명으로 짝을 정해, 한 명은 엄마가 된다.
	-둘 사이에 요가매트나 얇은 매트를 놓는다.
	-혼자 할 수 있는 친구는 앞으로 구르고, 하기 힘든 친구는 저번 시간에 한 것처럼
	  옆으로 떼구르르 굴러 엄마가 된 친구의 어깨를 '사랑해요' 말하며 5번 두들겨
	  보자. 5번 두들긴 친구는 다시 매트 위를 떼구르르 굴러 자기자리로 돌아오자.
	-교사는 유아들 주위를 돌며 한 번씩 앞구르기 하는 것을 도와주도록 한다.
	-바꾸어서도 해보자. 구른 친구가 이번엔 멋진 아빠가 되는 거야……
	-구른 후, 엄마, 아빠의 팔꿈치를 3번 만지고 오자.
	-구른 후, 엄마, 아빠의 무릎을 6번 만지고 오자.
	-구른 후, 엄마, 아빠의 발바닥을 자기 발바닥과 마주대어 보고 오자.
	-구른 후, 엄마, 아빠의 손목 / 발목을 자기 손목 / 발목과 마주대어 보고 오자.

평가 단계	* 양손을 뻗어 동그라미를 크게 / 작게 그릴 수 있는가? * 교사의 도움에 의해 경사진 곳을 앞구르기 할 수 있는가? * 정확한 신체명칭을 알고 짚을 수 있는가?

발달적 게임과 교육체조를 통합한 유아동작교육활동 계획안(5월 2차)					
생활 주제	나와 가족	교육 활동 요소	발달적 게임과 교육 체조	발달적 게임 단계와 내용	발달적 게임Ⅰ-조작운동의 낮은 수준게임 발달적 게임Ⅱ-협력게임의 그룹 시작 발달적 게임Ⅱ-협력게임의 그룹 문제해결 활동
활동명	공이 내 몸을 지나가요!			교육체조 단계 와 내용	교육체조기술Ⅰ-신체조절 교육체조기술Ⅱ-비전통적 균형
교육 목표	* 한 발을 앞에 두고 몸 뒤에서 앞으로 공을 굴릴 수 있다. * 내 몸으로 다양한 동작들을 만들어 균형을 잡을 수 있다. * 몸 사이로 공을 굴릴 수 있다.				
준비물	* '휘파람 부르며' 음악, 작은 공				
도입 단계 (준비 운동)	* '휘파람 부르며' 노래에 맞춰 가볍게 맨손체조를 한다. * 오늘 할 활동에 대해 간단히 소개하기				
움직임 익히기 단계	* 공을 굴려보자! -짝을 정해 준 후, 공을 하나씩 나누어준다. -다리를 벌리고 앉아 그 안으로 공이 들어가도록 서로 굴린다. 점점 벌린 폭을 좁 히도록 한다. -한 명은 서고, 한 명은 앉은 후 서 있는 유아가 한 발을 앞에 놓고 공을 몸 뒤에서 앞으로 내려놓으며 굴려본다. 이때 공이 튀지 않도록 주의시킨다. -반대로도 해본다. 모든 공굴리기 동작은 교사가 먼저 시범을 정확하게 보인 후, 실 시하도록 한다.				
대·소 도구 활용 단계 (생활 주제 통합)	* 내 몸으로 어떤 동작들을 만들 수 있을까? -제자리에서 움직이지 않고, 우리 몸으로 어떤 모양들, 동작들을 만들 수 있을까? -(유아들이 자유롭게 만드는 동작들을 지켜본 후)그렇게도 만들 수 있구나. 그럼 이 번엔 선생님처럼 한번 만들어볼까? * 내 몸으로 다양한 신체균형 동작 만들기 -양손은 바닥에 붙이고 한쪽 발만 높이 들어 균형을 유지한다. -몸을 뒤로 하여 누운 후, 양손과 양발을 높이 들며 배를 위로 높이 올려 균형을 잡 아본다. -선 자세에서 양손과 양발을 크게 벌려 균형을 잡는다. -몸을 옆으로 하여 한 발과 양손을 앞으로 크게 뻗어 균형을 잡는다. * 내 몸 사이로 공을 통과시켜요! -5~6명씩으로 그룹을 만든다. -두 명은 양끝에 서서, 한 명이 공을 잡는다. -나머지 유아들은 그 사이에 서서 위에서 했던 동작들을 신호에 따라, 차례대로 만 든다. -양 끝의 유아는 균형을 잡고 있는 유아들의 몸 사이로 공을 굴려 통과시킨다.				

발달적 게임과 교육체조를 통합한 유아동작교육활동 계획안(5월 2차)	
대·소 도구 활용 단계 (생활 주제 통합)	
평가 단계	* 정확한 자세로 공굴리기를 할 수 있는가? * 공이 몸 사이를 통과할 동안 다양한 동작으로 넘어지지 않고 균형을 유지할 수 있는가?

발달적 게임과 교육체조를 통합한 유아동작교육활동 계획안(5월 3차)					
생활 주제	나와 가족			발달적 게임 단계와 내용	발달적 게임Ⅰ-이동운동의 낮은 수준 게임
활동명	나는 잘 넘 어요!	교육 활동 요소	발달적 게임과 교육 체조		발달적 게임Ⅱ-협력게임의 그룹시작
					발달적 게임Ⅱ-협력게임의 그룹 문제해결 활동
				교육체조 단계 와 내용	교육체조기술Ⅰ-신체조절
					교육체조기술Ⅱ-비전통적 균형
					교육체조기술Ⅲ-무게의 전이
					교육체조기술Ⅳ-비행하는 신체

교육 목표	* 달려가다 리핑(뛰어넘기)으로 막대 다리를 넘을 수 있다. * 친구의 동작을 잘 보고 반대로 할 수 있다. 양손 벌리면 모으기, 양손 모으면/벌리기, 양손 높이 들면 내리기, 내리면 높이 들기, 서면 앉기, 앉으면 서기를 할 수 있다.
준비물	* '휘파람 부르며' 음악, 북, 막대 장애물
도입 단계 (준비 운동)	* '휘파람 부르며' 노래에 맞춰 가볍게 맨손체조를 한다. * 오늘 할 활동에 대해 간단히 소개하기
움직임 익히기 단계	* 리핑(leaping)을 해보자. -(교사 가볍게 달리며)앞에 돌이 있네. '얏' 한 발로 뛰어넘어야지(실제 돌이 있는 것처럼 리핑동작으로 뛰어 넘는 시범을 보인다). -이제, 친구들도 한번 돌을 넘어보자. 달려가다가 북소리가 '쿵' 나면 돌을 뛰어넘자. -달리다가 북소리 신호에 따라 큰 걸음으로 리핑동작 하기
대·소 도구 활용 단계 (생활 주제 통합)	* 나는 잘 넘어요! -두 그룹으로 나누어 서로 짝을 정해 준 뒤, 멀리 떨어져 앉는다. -그 사이에는 막대 다리를 일렬로 세워 놓는다. -앞에 선생님이 무엇을 놓았나요? -(유아)다리요……. -이 다리를 어떻게 넘어볼까? -(유아)한 발로요…… 깡충 뛰어서요. -한번 누가 나와서 친구들 앞에서 보여줄래요?(손을 든 유아들 중 일부 나와서 뛰어넘는 방법을 이야기하며 실제로 시범 보인다) -친구들이 한 것처럼, 빠르게 달려와 한 발로 뛰어넘어보자. 그리고 뛰어 넘은 친구들은 자기 짝 앞에 가서 이렇게 반대로 게임을 하고 다시 자기자리로 돌아오자. -하나, 둘, 셋에 양손을 옆으로 크게 벌리면, 앉아 있는 짝은 모으고, 모으면 크게 벌린다. 양손을 위로하면 아래로, 아래로 하면 위로 든다. 서면 앉고, 앉으면 선다. -신호와 함께, 막대 다리를 뛰어넘고 반대로 게임을 한 후, 북소리 신호와 함께 원래 자리로 돌아온다. 짝과 바꾸어서도 실시한다.

발달적 게임과 교육체조를 통합한 유아동작교육활동 계획안(5월 3차)		
대·소 도구 활용 단계 (생활 주제 통합)		
평가 단계	* 북소리 신호에 맞춰 가상의 돌을 뛰어넘는 흉내를 하는가? * 막대 다리를 달려가 리핑으로 뛰어넘을 수 있는가? * 친구의 동작과 반대로 동작을 취하는가?	

발달적 게임과 교육체조를 통합한 유아동작교육활동 계획안(5월 4차)					
생활 주제	나와 가족	교육 활동 요소	발달적 게임과 교육 체조	발달적 게임 단계와 내용	발달적 게임Ⅰ-이동운동의 낮은 수준게임
					발달적 게임Ⅱ-협력게임의 그룹시작
					발달적 게임Ⅱ-협력게임의 그룹 문제해결 활동
활동명	신체부위로 볼링을!			교육체조 단계 와 내용	교육체조기술Ⅰ-신체조절
					교육체조기술Ⅱ-비전통적 균형
					교육체조기술Ⅲ-무게의 전이
					교육체조기술Ⅳ-비행하는 신체
교육 목표	* 슬라이딩 동작을 혼자서/짝과 함께 할 수 있다. * 민첩하게 방향을 전환하며 슬라이딩을 할 수 있다. * 소근육이 사용되는 신체 명칭을 알고 움직일 수 있다.				
준비물	* '휘파람 부르며' 음악, 볼링 핀, 얇은 매트				
도입 단계 (준비 운동)	* '휘파람 부르며' 노래에 맞춰 가볍게 맨손체조를 한다. * 오늘 할 활동에 대해 간단히 소개하기				
움직임 익히기 단계	* 슬라이딩 동작을 해보자! -슬라이딩 동작 해보기 -(교사 시범 보이며)한 발이 옆으로 나아가면 다른 발이 곧 쫓아와요. -오른발은 토끼, 왼발은 사냥꾼이 될 거야. 토끼는 도망가고(오른발을 옆에 옮기며)사냥꾼이 쫓아와요(왼발도 뒤따라 오른발 옆으로 옮긴다). -짝을 정해, 서로 양손을 잡고 즐거운 음악을 들으며 '옆으로 옆으로 슬라이딩'을 하자.				
대·소 도구 활용 단계 (생활 주제 통합)	* 다리를 건너 다양한 신체부위로 볼링 핀을 쓰러뜨리자. -두 그룹으로 나눈다. -얇은 매트 여러 개를 지그재그로 연결한다. 한 그룹 당 하나씩 돌아가도록 2개 설치한다. -매트 끝에는 볼링 핀 여러 개를 세워 놓는다. -다리를 건너 볼링 핀을 쓰러뜨려보자. 다리가 어떻게 놓여있나요? -삐뚤삐뚤요…… -네, 삐뚤삐뚤…지그재그로 놓여 있네요. 지그재그 다리를 끝까지 건너가 볼 건데, 어떻게 건너가 볼까? -(유아들의 생각을 듣고 앞에 나와 해보게 한다). -그럼, 이번엔 아까 했던 '옆으로 옆으로, 토끼와 사냥꾼' 발처럼 다리 위를 건너가 보자. -다 건너간 친구는 우리 몸 중에서 선생님이 얘기하는 신체부위로 가까이 가서 볼링 핀을 쓰러뜨려 보자. -손가락, 발가락, 발등, 손등, 손바닥, 발목, 손목, 허리, 배, 등, 엉덩이 부위로 쓰러뜨리고 돌아온다.				

	발달적 게임과 교육체조를 통합한 유아동작교육활동 계획안(5월 4차)
대소 도구 활용 단계 (생활 주제 통합)	  
평가 단계	* 혼자서 / 짝과 함께 슬라이딩 동작을 하는가? * 지그재그로 놓인 매트 위를 슬라이딩 동작으로 방향을 전환하며 이동할 수 있는가? * 소근육이 사용되는 신체부위의 명칭을 알고 그 부분으로 볼링 핀을 쓰러뜨릴 수 있는가?

발달적 게임과 교육체조를 통합한 유아동작교육활동 계획안(6월 1차)				
생활 주제	이웃 및 지 역사회	교육 활동 요소	발달적 게임과 교육 체조	발달적 게임 단계와 내용	발달적 게임Ⅰ-이동운동의 낮 은 수준 게임 발달적 게임Ⅱ-협력게임의 그 룹시작 발달적 게임Ⅱ-협력게임의 그 룹 문제해결 활동
활동명	우리 동네			교육체조 단계 와 내용	교육체조기술Ⅰ-신체조절 교육체조기술Ⅱ-비전통적 균형 교육체조기술Ⅲ-무게의 전이 교육체조기술Ⅳ-비행하는 신체

발달적 게임과 교육체조를 통합한 유아동작교육활동 계획안(6월 1차)
생활 주제 이웃 및 지역사회 · **교육활동요소** 발달적 게임과 교육 체조 · **발달적 게임 단계와 내용** 발달적 게임Ⅰ-이동운동의 낮은 수준 게임 / 발달적 게임Ⅱ-협력게임의 그룹시작 / 발달적 게임Ⅱ-협력게임의 그룹 문제해결 활동
활동명 우리 동네 · **교육체조 단계와 내용** 교육체조기술Ⅰ-신체조절 / 교육체조기술Ⅱ-비전통적 균형 / 교육체조기술Ⅲ-무게의 전이 / 교육체조기술Ⅳ-비행하는 신체
교육목표 * 발자국 모형을 따라 스키핑을 할 수 있다. * 북소리의 신호에 따라 방향을 전환하며 스키핑을 할 수 있다. * 모형 DDR판 동네지도 위를 수평점핑으로 신속하게 이동할 수 있다.
준비물 * '휘파람 부르며' 음악, 발자국 모형, 북, 모형 DDR판
도입 단계 (준비 운동) * '휘파람 부르며' 노래에 맞춰 가볍게 맨손체조를 한다. * 오늘 할 활동에 대해 간단히 소개하기
움직임 익히기 단계 * 발자국 모형따라 스키핑하기 -발자국 모형을 왼쪽 2개, 오른쪽 2개 식으로 연결해서 바닥에 붙여 놓는다. -왼쪽 발부터 발자국 모형을 밟으며 스키핑을 해본다. * 전후좌우로 자유롭게 방향전환하며 스키핑하기 -음악이 나올 때는 한 방향으로 스키핑하며 움직이다가 북소리 신호가 나면 재빨리 방향을 바꾸어 스키핑하기 

발달적 게임과 교육체조를 통합한 유아동작교육활동 계획안(6월 1차)	
대소 도구 활용 단계 (생활 주제 통합)	* 우리 동네 둘러보기 －우리 집 주변에는 어떤 가게, 건물들이 있나요? －병원, 놀이터, 소방서, 시장요…… －네, 우리 동네에 있는 곳에 한번 가보자. * 모형 DDR판 동네지도 걷기 / 서기 －병원, 시장, 소방서, 놀이터 그림이 있는 모형 DDR판을 하나씩 나누어준다. －모형 DDR판을 만져보고 그림들을 탐색해보는 시간을 갖는다. －선생님이 병원하면 병원 그림 위에, 시장, 소방서, 놀이터 하면 그 그림 위에 서 　보도록 하자. * 모형 DDR판 동네지도에서 점핑을! －즐거운 음악과 함께 동네를 돌아다녀보자. －교사가 ‘병원’이라고 외치면 병원 그림 위에서 계속 점핑을 한다. －이런 방식으로 ‘시장, 소방서, 놀이터’ 등도 간격을 두고 외치고 유아들은 장소를 　이동해 계속 점핑을 한다. 
평가 단계	* 발자국 모형을 따라 신속하게 발을 바꾸어가며 스키핑을 하는가? * 북소리의 신호에 따라 신속하게 방향을 전환하며 스키핑을 하는가? * 모형 DDR판 동네지도 위를 수평점핑으로 민첩하게 이동하는가?

발달적 게임과 교육체조를 통합한 유아동작교육활동 계획안(6월 2차)					
생활 주제	이웃 및 지역사회	교육 활동 요소	발달적 게임과 교육 체조	발달적 게임 단계와 내용	발달적 게임Ⅰ-이동운동의 낮은 수준게임 발달적 게임Ⅱ-협력게임의 그룹시작 발달적 게임Ⅱ-협력게임의 그룹 문제해결 활동
활동명	소방관이 되었어요!			교육체조 단계 와 내용	교육체조기술Ⅰ-신체조절 교육체조기술Ⅱ-비전통적 균형과 균형 및 구르기 중 앞구르기
교육 목표	* 북소리 신호에 따라 빠르게 방향을 바꾸어가며 기기를 할 수 있다. * 양 줄 위에 양손과 양발을 놓고 기어가기를 할 수 있다. * 옆 구르기를 혼자서 할 수 있고, 교사의 도움에 의해 앞구르기도 할 수 있다. * 평균대를 교사의 도움 없이 혼자서 정면을 보며 걸어갈 수 있다. * 매트와 터널 공간을 기어가기로 신속하게 이동할 수 있다. * 방향을 전환하며 양 줄 사이를 점핑으로 건널 수 있다.				
준비물	* '별밤의 피아니스트' 음악, 사이렌 경적 음, 북, 소방관 사진, 매트, 평균대, 줄, 터널, 홀라후프				
도입 단계 (준비 운동)	* '별밤의 피아니스트' 음악과 함께 하는 요가 및 두뇌 체조 * 오늘 할 활동에 대해 간단히 소개하기				
움직임 익히기 단계	* 기기, 기어가기 -물고기처럼 헤엄치다 북소리가 나면 빠르게 방향을 바꾸어보자. -물고기가 된 유아에게 악어사진을 보여준다. 이때 유아들은 물고기처럼 민첩하게 악어를 피해 방향을 바꾸어 기기를 한다. -양 줄을 따라 거미처럼 기어가보자.				
대·소 도구 활용 단계 (생활 주제 통합)	* 우리 주변의 고마운 분들에 관해 이야기 나눈다. -우리를 도와주는 고마운 분들은 누가 있을까? -경찰관, 의사, 소방관 -소방관 아저씨도 있구나. 소방관 아저씨는 어떤 일을 하나요?(소방관 활동사진을 보여준다) -우리도 소방관 아저씨가 되어 사랑하는 우리 친구들을 도와주도록 하자. * 소방관이 되어 친구를 도와주자. -다음의 순서로 기구를 설치한다. -매트, 평균대, 점점 간격이 벌어지는 두 줄, 터널, 빨간색 매트, 홀라후프 -두 그룹으로 유아들을 나누고 한 그룹은 출발선 앞에 한 줄로, 나머지 그룹은 기구설치의 끝인 빨간색 매트 위에 앉도록 한다.				

대소 도구 활용 단계 (생활 주제 통합)	- 앞에 뭐가 보이나요? - 매트요, 평균대요. 후프요. 터널요. 줄요…… - 네, 매트, 평균대, 후프, 터널, 줄이 보이는데 선생님이 무엇을 하려고 저렇게 많이 놓아두었을까? - 음…… 매트는 구르고요, 평균대는 걸어가요……. 터널도 지나가요…… - 그럼, 우리 한 친구가 나와서 어떻게 다 지나가는지 한번 보여줄래?(유아가 어떻게 지나가는지 지켜보며 말을 해준다). 아, 평균대를 앞으로 걸어가는구나. 매트는 앞으로 휘익 구르는 구나. 터널은 몸을 숙여 기어서 통과하는 구나…… - 다 온 후에는 빨간 매트 위에 앉아 있는 친구들 중에서 한 명만 손을 꼭 잡고 같이 후프 안에 들어가 출발 자리로 다시 돌아오자…… - 다음과 같은 이야기를 하며 모든 유아들이 활동에 참여한다. - 밤이 되어 자고 있는 소방관 아저씨가 계시네요(유아 한명 엎드려 자고 있다). 이 때, 불이 났나 봐요 사이렌 소리가 울려요(사이렌 소리 듣자마자). 소방관 아저씨가 벌떡 일어나 작은 언덕을 굴러(앞구르기를 한다. 이 때 도움이 필요한 유아는 교사가 도와주도록 한다)숲을 지나(여러 개의 얇은 매트를 이은 곳을 기어가기로 이동한다) 다리를 건너(평균대 앞으로 걷기), 작은 시냇물을 계속 뛰어넘어(양 줄을 설치하되 점점 간격이 벌어지게 한다) 어두운 터널도 통과하고, 마침내 불이 난 곳에 다다랐어요. 불 속에 갇힌 친구와 (한 명이 소방관이 될 때 다른 유아들은 요가매트 위에 모두 손을 잡고 앉아 있는다)함께 차를 타고 돌아와요(후프 안에 두 명의 유아가 들어가 출발 자리로 되돌아온다). - 도움을 기다리는 유아와 소방관 유아가 바꾸어서 실시한다.  
평가 단계	* 북소리에 따라 빠르게 방향을 전환하며 기기를 하는가? * 두 줄을 밟고 기어가기를 하는가? * 옆 구르기와 앞구르기를 할 수 있는가? * 평균대를 교사의 도움 없이 혼자서 앞으로 걸어가는가? * 신속하게 기어가기로 공간을 이동하는가? * 양 줄 사이를 점핑으로 민첩하게 방향을 전환하며 이동하는가?

발달적 게임과 교육체조를 통합한 유아동작교육활동 계획안(6월 3차)					
생활 주제	이웃 및 지역사회			발달적 게임 단계와 내용	발달적 게임Ⅰ-이동운동의 낮은 수준게임 발달적 게임Ⅱ-협력게임의 그룹시작 발달적 게임Ⅱ-협력게임의 그룹 문제해결 활동
활동명	체육/헬스장!	교육 활동 요소	발달적 게임과 교육 체조		
				교육체조 단계와 내용	교육체조기술Ⅰ-신체조절 교육체조기술Ⅱ-파트너와의 힘의 균형과 긴장

교육 목표	* 다양하게 달릴 수 있는 신체 동작들을 탐색한다. * 북소리의 신호에 따라 빠르게/느리게, 무겁게/가볍게 달릴 수 있다. * 백업으로 구부리기/펴기, 위로 아래로 높이 들고 내리기를 할 수 있다. * 백업 위를 홉핑/점핑/리핑으로 넘을 수 있다. * 백업으로 시이소를 타듯이 서고 앉기를 민첩하게 할 수 있다. * 백업으로 밀고 당기기를 하며 서로의 힘을 느낄 수 있다. * 북소리의 강약에 따라 백업으로 친구의 신체부위를 느리게/빠르게 두들길 수 있다.
준비물	* '별밤의 피아니스트' 음악, 북, 체육/헬스장에서 운동하는 사진, 백업
도입 단계 (준비 운동)	* '별밤의 피아니스트' 음악과 함께 하는 요가 및 두뇌 체조 * 오늘 할 활동에 대해 간단히 소개하기
움직임 익히기 단계	* 다양한 방법으로 달리기를! - 선 자세에서 양팔을 아래/위로 크게 흔들며 걸음도 크게, 북소리 '쿵쿵'에 따라 무겁게 느리게 달리기 - 팔을 떨어뜨리고 몸을 숙여, 북소리 '쿵쿵쿵쿵'에 따라 가볍게 빠르게 달리기 - 양손을 바닥에 붙이고, 크게 걷듯이 발을 번갈아 가며 북소리 '쿵쿵'에 따라 무겁게 달리기 - 양손을 바닥에 붙이고, 북소리 '쿵쿵쿵쿵……'에 따라 빠르게 달리기

	발달적 게임과 교육체조를 통합한 유아동작교육활동 계획안(6월 3차)

대·소
도구
활용
단계
(생활
주제
통합)
	* 체육 / 헬스장에 관해 이야기 나눈다.
	- (운동하는 사람이 있는 체육 / 헬스장의 사진을 보여주며)운동하러 체육 / 헬스장
	  에 가본 적이 있나요?, (사진을 가리키며) 이 사람은 지금 무엇을 하고 있지? ······
	* 백업으로 어떤 운동을 해볼까?
	- 백업을 하나씩 나누어준다.
	- 이름을 무엇이라고 지으면 좋을까?, 만져보자. 느낌이 어때?, 이것으로 무엇을 하
	  며 놀 수 있을까?
	- (유아들 잘 휘어지는 백업을 구부려보기도 하고, 바닥을 소리 나게 두들겨 보기
	  도 한다)부드러워요. 뱀처럼 생겼어요······. 지팡이······. 사탕처럼 생겼다······.
	- 우리도 운동하는 사람처럼(사진을 가리키며) 이 사탕으로 운동을 해보자.
	- 백업의 양 끝을 잡고 구부렸다 폈다를 반복해서 하기
	- 백업을 아래 / 위로 들었다 놓았다 반복해서 하기
	- 백업 바닥에 놓고 홉핑 / 점핑 / 리핑으로 앞 / 뒤 반복해서 뛰어넘기
	* 짝과 함께 하는 백업활동
	- 2인 1조로 짝을 정해 주고, 백업 하나만 남긴다.
	- 짝이랑 이 사탕 하나로 무엇을 하며 놀아볼까?(짝과 함께 백업으로 놀아 보는 시
	  간을 잠시 준 후) 그럼 이렇게도 해볼까?
	- 백업 밀고 / 당기기
	- 백업 서로 잡고 시이소 타듯이 일어섰다 앉았다 반복하기. 이때 한 명이 앉으면
	  반대 유아는 일어서고, 일어서면 앉도록 한다.
	* 백업 러닝머신
	- 한 명은 제자리에 서고, 짝은 백업을 들고 뒤에 선다.
	- 북소리가 강하게 빠르게 연속해서 나면, 서 있는 유아는 제자리에서 빠르게 달린
	  다. 이때 백업을 들고 있는 유아는 백업으로 달리는 유아의 배나 등을 빠르게 두
	  들겨 준다.
	- 북소리가 약하게 천천히 나면, 서 있는 유아는 제자리에서 천천히 달린다. 이때
	  백업을 들고 있는 유아는 달리는 유아의 배나 등을 천천히 두들겨 준다.
	- 바꾸어서 한다.

평가 단계	* 북소리의 신호에 따라 느리게 / 빠르게, 무겁게 / 가볍게 달릴 수 있는가? * 백업으로 창의적인 움직임들을 표현해 낼 수 있는가? * 백업으로 밀고 / 당기기, 앉기 / 서기를 리듬감 있게 하는가? * 북소리의 강약에 따라 느리게 / 빠르게 친구의 신체부위를 두들길 수 있는가?

발달적 게임과 교육체조를 통합한 유아동작교육활동 계획안(6월 4차)				
생활 주제	이웃 및 지역사회	교육 활동 요소	발달적 게임과 교육 체조	발달적 게임 단계와 내용	발달적 게임Ⅰ-안정운동과 이 동운동의 낮은 수준게임 발달적 게임Ⅱ-협력게임의 그 룹시작 발달적 게임Ⅱ-협력게임의 그 룹 문제해결 활동
활동명	몸이 불편한 친구 돕기!			교육체조 단계 와 내용	교육체조기술Ⅰ-신체조절 교육체조기술Ⅱ-비전통적 균형 교육체조기술Ⅲ-무게의 전이 교육체조기술Ⅳ-비행하는 신체
교육 목표	* 다양한 방법으로 돌기를 할 수 있다. * 눈을 가린 체 앞이 보이지 않는 느낌으로 걸을 수 있다· * 앞이 보이지 않는 시각장애를 체험해 본다.				
준비물	* '별밤의 피아니스트' 음악, 안대, 색 테이프, 의자, 뜀틀, 50㎝ 높이의 줄				
도입 단계 (준비 운동)	* '별밤의 피아니스트' 음악과 함께 하는 요가 및 두뇌 체조 * 오늘 할 활동에 대해 간단히 소개하기				
움직임 익히기 단계	* 팽이처럼 휘익~돌기······ 로 어떻게 돌 수 있을까? -양손은 머리 위에서 모으고 하나, 둘, 셋에 점프하며 제자리 한 바퀴 돌기 -엉덩이는 바닥에, 양발은 들고 양손으로 바닥을 밀며 제자리 한 바퀴 돌기 -서서/앉아서 한 발을 축으로 반대 발로 큰 동그라미를 그리며 제자리 한 바퀴 돌기 				

발달적 게임과 교육체조를 통합한 유아동작교육활동 계획안(6월 4차)	
대·소 도구 활용 단계 (생활 주제 통합)	* 몸이 불편한 친구들에 관해 이야기 나누기 －친구들은 몸이 아파본 적이 있나요? 아플 때 기분이 어땠어요? －친구들은 가끔씩 아프지만, 우리 주위에는 매일매일 몸이 아프고 불편한 분들도 　많아요. 어떤 분들이 계실까? －눈이 안 보여 앞을 못 보시는 분, 다리가 불편해 못 걷는 분, 귀가 안 들려 아무것 　도 듣지 못하는 분들도 있지요. 그런 분들을 보면 어떤 생각이 드니? －몸이 아프고 불편하신 분들께 우리는 어떻게 해야 할까? －그래요, 우리가 많이많이 도와 드려야 해요. 그런데, 만약 친구들이 앞이 하나도 　안 보인다면 어떨까요? * 눈을 가리고 시각장애체험을 해보자. －다음 순서로 바닥에 기구를 설치한다. －색 테이프로 연결된 지그재그 길, 의자, 뜀틀, 50㎝ 높이의 줄 －2인 1조로 짝을 정한 뒤, 한 명은 눈을 뜬 채로 눈가리개(안대나 마스크)로 눈을 　가린 짝의 손을 꼭 잡고 길잡이 역할을 한다. －지그재그 길은 걷고, 의자와 뜀틀 앞에서는 부딪치지 않고 옆으로 돌아가고, 줄에 　서는 줄 밑으로 기어 지나간다. －눈을 가린 유아는 길잡이 유아의 손을 잡고 말하고 이끄는 데로 움직이도록 한다. －다시 출발선으로 돌아온 다음에는 짝이랑 바꾸어서 해 본다.  
평가 단계	* 다양한 방식으로 몸을 돌 수 있는가? * 친구를 도와주며 시각장애 체험을 하는가? * 길잡이 유아의 말과 행동으로, 눈을 가린 채 걷거나 장애물을 피해 갈 수 있는가?

발달적 게임과 교육체조를 통합한 유아동작교육활동 계획안(7월 1차)				
생활 주제	동물 / 곤충			발달적 게임 I – 안정운동과 이동운동의 낮은 수준게임
활동명	악어에게 이름을 지어주자!	교육 활동 요소	발달적 게임과 교육 체조	발달적 게임 단계와 내용	발달적 게임 II – 협력게임의 그룹시작 발달적 게임 II – 협력게임의 그룹 문제해결 활동
				교육체조 단계 와 내용	교육체조기술 I – 신체조절

교육 목표	* 흡핑을 북소리의 속도에 따라 느리게 / 빠르게 할 수 있다. * 흡핑을 할 때, 양팔을 앞뒤로 흔들며 지탱하지 않는 발은 몸 뒤로 가져갈 수 있다. * 신체부위의 명칭을 알고 움직일 수 있다. * 발등을 민첩하게 피할 수 있다. * 몸을 작게 하여 후프를 통과할 수 있다. * 한쪽 끝이 높은 경사평균대를 양팔을 벌리고 앞으로 걸어갈 수 있다.
준비물	* '별밤의 피아니스트' 음악, 북, 후프, 경사평균대, 뜀틀, 블록
도입 단계 (준비 운동)	* '별밤의 피아니스트' 음악과 함께 하는 요가 및 두뇌 체조 * 오늘 할 활동에 대해 간단히 소개하기
움직임 익히기 단계	* hopping을 북소리에 속도에 따라 느리게 / 빠르게 해보자. – (교사가 시범을 보이며) 양팔을 앞뒤로 크게 흔들며 들고 있는 발은 몸 뒤에 두자. – 북소리의 속도에 따라 느리게 / 빠르게 이동하다가 – 사람만 서로 손을 잡자. – 또, 북소리의 속도에 따라 느리게 / 빠르게 이동하다가 – 사람만 서로 등과 엉덩이를 붙여보자. – 이번엔, 발가락을, 무릎을, 팔꿈치를 붙여보자. – 사람만 서로 손을 잡자. 짝의 발등을 밟아보자. 자기 발등은 안 밟히게 잘 피해야 해요.
대·소 도구 활용 단계 (생활 주제 통합)	* 이름을 갖고 싶어 하는 악어 – 다음의 순서로 기구를 설치해 둔다. – 가로 / 세로 후프 2개, 경사평균대(한쪽 끝에 물건을 받쳐 높게 만든다), 뜀틀, 블록 징검다리 – 이름을 갖고 싶어 하는 악어에 관한 이야기를 들려준다. – 친구들은 이름이 있고, 신체부위도 이름이 있는데, 선생님이 아는 (악어 그림을 보여주며) 이 악어친구는 이름이 없네요. 그래서 너무 이름을 갖기를 간절히 기도하고 있어요. 그런데, 악어친구에게 이름을 지어주려는 고마운 마법사 아저씨가 있데요. 함께 주문을 외워 마법사 아저씨를 불러볼까? 우리 친구들이 큰 소리로 '나타나라 아후, 나타나라 아후 얏'라고 외치면 마법 모자를 쓴 아저씨가 '뿅'하고 나타날 거야. 자, 한번 주문을 외워·보자. 시작 – '나타나라 아후, 나타나라 아후 얏'

	발달적 게임과 교육체조를 통합한 유아동작교육활동 계획안(7월 1차)
대·소 도구 활용 단계 (생활 주제 통합)	−(교사 마법 모자를 쓰고)안녕, 친구들 너희들이 나를 불렀니? 난 '나타나라 아후, 나타나라 아후 얏'하고 주문을 외우면 나타나는 마법사야. 이름이 없어 불쌍한 악어친구가 있지. 우리 마법의 나라로 함께 가서 악어 친구 이름을 얻어올까. 마 법나라 끝에 가면 '이름지어주는 아저씨'가 사셔. 그 아저씨한테 가서 예쁜 이름 을 받아오자. −네, 네 빨랑 가요! * 마법의 나라를 지나 이름지어주는 아저씨에게로 가는 과정 −(유아 한 명을 나오게 하여)앞에 놓인 마법의 나라를 어떻게 지나갈까? −(유아의 지나가는 동작에 언어적 설명을 해준 후) 그럼, 친구들도 모두 함께 마법 의 나라를 지나가자. −마법의 나라 문(가로 / 세로로 놓인 후프 2개)을 통과해, 외나무다리(경사평균대)를 양팔을 벌리고 앞으로 건너가자. 높은 언덕(뜀틀)을 올라가 힘차게 두 발로 뛰어 내리고, 마지막으로 징검다리(블록 3개 연결)를 한 발로 지나가자. −유아들 차례대로 마법의 나라를 탐험한 후, 자기 자리로 되돌아온다. −(모든 유아들이 자리로 되돌아온 후)이제 징검다리를 모두 건넜네. 자 다시 아저 씨에게로…… (빈 공간을 가리키며)저기야 다 왔다. 우리 크게 아저씨를 부르는 주문을 외워보자. '나타나라 아후, 나타나라 아후 얏' −(보조 연구원이 문을 열고 나오는 시늉하며)음, 누구야 누가 나를 부르는 거야. 아니 이렇게 많은 친구들이 왜 나를 찾아왔지? −이름이 없는 불쌍한 악어친구가 있어요. 악어친구에게 예쁜 이름을 하나 지어 주 세요. −이름을 지어주기 전에, 이 아저씨가 시키는 것 한 가지 꼭 해야 하는데. 그래도 하겠니? −네. 뭐예요? −그럼, 음…… 나처럼 이렇게 양손바닥을 붙이고 머리 위로 올리고, 한 발은 들어 다른 발을 무릎에 붙이고 열 셀 동안 넘어지지 않고 있을 수 있니? −(모두 따라하며) 이렇게요. −음, 맞아 잘 하는데……. 잘 했으니까 악어에게 이름을 하나 지어줄까……. 음……뭐가 좋을까(종이 몇 장을 뒤적거리다 한 장을 뽑으며) 그래, 이게 좋겠다. 앞으로 악어친구의 이름은 '모모'야……. 모모라고 다들 불러줘……. −와, 신난다. 이제 악어친구이름은 모모야 모모. * 마법의 나라에서 다시 집으로 −마법의 문(가로 / 세로 후프 2개)을 통과해 다시 자리로 되돌아온다. 

발달적 게임과 교육체조를 통합한 유아동작교육활동 계획안(7월 1차)	
평가 단계	* 홉핑을 할 때, 양팔을 앞뒤로 흔들며 지탱하지 않는 발은 몸 뒤로 가져가는가? * 신체부위의 명칭을 알고 움직이는가? * 속도와 시간을 이해하며 발등을 민첩하게 피할 수 있는가? * 후프를 통과하기 위해 몸을 작게 웅크리는가? * 경사평균대를 양팔을 벌리고 앞으로 걸어가는가?

발달적 게임과 교육체조를 통합한 유아동작교육활동 계획안(7월 2차)					
생활 주제	동물/ 곤충	교육 활동 요소	발달적 게임과 교육 체조	발달적 게임 단계와 내용	발달적 게임Ⅰ-안정운동의 낮은 수준 게임 발달적 게임Ⅱ-협력게임의 그룹시작 발달적 게임Ⅱ-협력게임의 그룹 문제해결 활동
활동명	따라쟁이 원숭이!			교육체조 단계 와 내용	교육체조기술Ⅰ-신체조절 교육체조기술Ⅱ-비전통적 균형 교육체조기술Ⅲ-무게의 전이 교육체조기술Ⅳ-비행하는 신체
교육 목표	* 슬라이딩 이동운동을 할 수 있다. * 창의적으로 다양한 이동, 안정운동 동작들을 보여줄 수 있다. * 제자리에서 두 발로 높이 점프하여 두 발로 착지할 수 있다. * 하비드 스텝으로 평균대를 이동할 수 있다.				
준비물	* 별밤의 피아니스트' 음악, 모자, 평균대				
도입 단계 (준비 운동)	* '별밤의 피아니스트' 음악과 함께 하는 요가 및 두뇌 체조 * 오늘 할 활동에 대해 간단히 소개하기				
움직임 익히기 단계	* 슬라이딩(sliding)이동운동을 해보자. -색 테이프로 크게 동그라미를 그려 놓는다. -유아가 색 테이프 선 위에 올라가 옆으로 서도록 한다. -왼발은 여우가 되고, 오른발은 토끼가 된다. -(교사가 시범 보이며) 토끼가 도망을 가니, 여우가 쫓아와요. 또 토끼가 도망을 가고 여우가 쫓아와요. -오른발이 옆으로 가면, 왼발이 곧 따라서 발을 살짝 들어 오른발 옆 가까이에 놓는다.				
대·소 도구 활용 단계 (생활 주제 통합)	* 따라쟁이 원숭이! -'모자 파는 아저씨'동화를 들려준 후, 이야기 나눈다. -모자를 팔러 아저씨가 산을 넘어가다 그만 피곤해서 잠이 들었어요. 이때 나무에서 원숭이들이 내려오더니 아저씨의 모자를 몰래 꺼내 쓰고 아저씨가 하는 말과 행동을 따라했어요. -내 모자 돌려줘! 아저씨가 말하니, 원숭이들도 '내 모자 돌려줘!' 말을 따라했어요. 아저씨가 양손을 흔들며 '내 모자 돌려줘!' 했더니, 원숭이들도 또 '내 모자 돌려줘!'하며 양손을 흔들어 댔어요. 아저씨가 꾀를 내어 가방에 모자를 넣으며 '내 모자 돌려줘!'하니, 원숭이들이 모자를 가방에 넣으며 '내 모자 돌려줘!'했어요. 아저씨는 모자를 다 돌려받고 기분 좋게 산을 내려갔어요…… * 원숭이가 되어 동작을 따라해 보자! -교사가 모자 파는 아저씨가 되고 유아들이 원숭이가 된다. -교사가 점핑 동작으로 제자리 한 바퀴 돌면, 유아들도 그 동작을 따라하며 '내 모자 돌려줘'라고 흉내 낸다.				

	발달적 게임과 교육체조를 통합한 유아동작교육활동 계획안(7월 2차)

대소
도구
활용
단계
(생활
주제
통합)
	-이와 같은 방법으로, 제자리 높이 뛰었다 낮은 자세로 착지하기 / 슬라이딩으로
	  이동하기
	-평균대 2대를 놓고, 하비드 스텝으로 이동하기
	-오른발을 평균대 위에 올린 상태에서, 왼발이 올라오면 오른발은 반대방향으로
	  내려가고, 오른발이 다시 올라오면, 있던 왼발은 내려가고, 내려간 왼발이 다시
	  올라오면, 오른발은 내려가고……. 되풀이된다.
	-친구들은 몸으로 어떤 동작들을 만들 수 있겠니?
	-유아들 중에서 모자 파는 아저씨가 되어 창의적으로 안정, 이동 동작을 표현하며
	  다른 유아들은 재미있게 흉내 낸다.

평가 단계	* 슬라이딩 이동운동 기술을 하는가? * 제자리에서 두 발로 높이 점프하여 두발로 착지하는가? * 하비드 스텝으로 평균대를 이동하는가?

발달적 게임과 교육체조를 통합한 유아동작교육활동 계획안(7월 3차)				
생활 주제	동물 / 곤충			발달적 게임 I - 조작운동의 낮은 수준 게임
활동명	여우야 여우야 뭐 하니?	교육 활동 요소	발달적 게임과 교육 체조	발달적 게임 단계와 내용	발달적 게임 II - 협력게임의 그룹시작 발달적 게임 II - 협력게임의 그룹 문제해결 활동
				교육체조 단계 와 내용	교육체조기술 I - 신체조절 교육체조기술 II - 비전통적 균형 교육체조기술 III - 무게의 전이
교육 목표	* 던지기와 차기를 할 수 있다. * 정해진 홀라후프 안에 공을 던져 / 차서 넣을 수 있다				
준비물	* '별밤의 피아니스트' 음악, 작은 공(테니스 공), 볼풀 공				
도입 단계 (준비 운동)	* '별밤의 피아니스트' 음악과 함께 하는 요가 및 두뇌 체조 * 오늘 할 활동에 대해 간단히 소개하기				
움직임 익히기 단계	* 여우야 여우야 뭐 하니? 노래에 따라 던지기 / 차기 동작하기 - (유아들) 여우야 여우야 뭐 하니? - (교사) 공 던진다. - (유아들) 어떻게? - (교사 여우야 여우야 노래 리듬으로 동작을 시범보이며) 왼발을 앞에 놓고, 오른손을 높이 들어, 허리를 뒤로 제쳐, 힘차게 던져! 얼굴은 계속 들어 앞을 보고…… - 유아들도 해본다. 이때, 왼발을 앞에 놓고, 오른손을 높이 들어……. 말도 같이 하며 동작을 한다. - 차기 동작하기 - (교사 시범보이며) 왼발은 앞에 놓고, 오른발을 뒤로 높이 들어, '뻥'…… - 유아들도 말을 하며 교사와 함께 실시한다.				
대·소 도구 활용 단계 (생활 주제 통합)	* 공 던지기 - 작은 공(테니스 공)을 바구니에 담아 출발선 앞에 놓아둔다. - 떨어진 곳에 홀라후프를 매달아 놓는다. - (리듬을 넣어 계속 말을 해주며 유아들도 따라 말을 하고 던진다) 왼발을 앞에 놓고, 오른손을 높이 들어, 허리를 뒤로 제쳐, 얼굴은 후프를 계속 보고, 힘차게 던져! - 2회 실시 후, 공을 주워 바구니에 담는다. - 볼풀 공을 바구니에 담아 출발선 앞에 놓는다. * 공차기 - (리듬을 넣어 계속 말을 해주며 유아들도 따라 말을 하고 찬다) 왼발은 앞에 놓고, 오른발을 뒤로 높이 들어, '뻥'…… - 2회 실시 후, 공을 주워 바구니에 담는다.				

발달적 게임과 교육체조를 통합한 유아동작교육활동 계획안(7월 3차)	
대·소 도구 활용 단계 (생활 주제 통합)	 
평가 단계	* 한 발을 앞에 두고, 몸통을 틀며 던지기를 하는가? * 한 발을 앞에 두고, 다른 발로 공차기를 하는가? * 정해진 목표물 안에 공을 던져서 / 차서 넣는가?

발달적 게임과 교육체조를 통합한 유아동작교육활동 계획안(7월 4차)					
생활 주제	동물 / 곤충	교육 활동 요소	발달적 게임과 교육 체조	발달적 게임 단계와 내용	발달적 게임 I - 이동운동의 낮은 수준 게임
					발달적 게임 II - 협력게임의 그룹시작
활동명	거미줄을 지나가자!				발달적 게임 II - 협력게임의 그룹 문제해결 활동
				교육체조 단계 와 내용	교육체조기술 I - 신체조절
					교육체조기술 II - 비전통적 균형
					교육체조기술 III - 무게의 전이
					교육체조기술 IV - 비행하는 신체
교육 목표	* 높이가 다른 줄을 기어가기 / 리핑으로 넘을 수 있다. * 높고 / 낮음을 인식하고 반응한다. * 소리에 반응하며 하던 동작을 균형을 잡고 갑자기 멈출 수 있다. * 리핑 / 점핑으로 복잡한 거미줄을 지나다닐 수 있다.				
준비물	* '별밤의 피아니스트' 음악, 북, 짧은 줄, 긴 줄				
도입 단계 (준비 운동)	* '별밤의 피아니스트' 음악과 함께 하는 요가 및 두뇌 체조 * 오늘 할 활동에 대해 간단히 소개하기				
움직임 익히기 단계	* 높이가 다른 줄 지나가기 - 줄의 높이를 30㎝, 50㎝로 하여 설치한다. - 줄을 어떻게 지나갈까? - 한 명의 유아를 불러내어 높은 / 낮은 줄을 지나가게 한다. - 차례대로 높이가 다른 줄을 자신의 생각대로 지나간다. - 높은 줄은 배꼽을 바닥에 가장 낮게 하여, 낮은 줄은 뒤에서 달려와 한 발로 껑충 뛰어넘자.				
대소 도구 활용 단계 (생활 주제 통합)	* 거미줄! - 줄을 하나씩 나누어 준 후, 줄을 탐색해 보게 한다. - 이 줄로 무엇을 할 수 있을까? - 돌려요……. 동그라미를 만들어요……. 줄넘기해요……. - 그렇구나! 줄로 동그라미도 만들고, 줄넘기도 하고, 돌려보기도 할 수 있구나. 그럼 다 같이 바닥에 줄을 놓고 세모, 네모, 삐뚤빼뚤 지그재그, 동그라미를 만들어 보자. * 거미줄을 지나가요! - 두 팀으로 나누어, 한 팀에게만 2인 1조로 짧은 줄을 하나씩 나누어준다. - 줄을 받은 유아는 일정 간격을 두고 앉아 짝과 줄을 곧게 잡는다. - 잡은 줄 높이는 발목, 무릎, 배꼽, 어깨, 머리 순으로 점점 올라간다. - 줄이 없는 유아들은 차례대로 밑으로는 기어가기, 위로는 리핑 / 점핑으로 줄을 넘는다. 바꾸어서도 실시한다. * 거미줄을 넘다가 멈추기!				

발달적 게임과 교육체조를 통합한 유아동작교육활동 계획안(7월 4차)	
대·소 도구 활용 단계 (생활 주제 통합)	-한 팀은 서로 대각으로 앉아 긴 줄을 잡고 복잡한 거미줄을 만든다. 높이는 배꼽, 무릎, 어깨 높이로 한다. -다른 팀은 즐거운 음악이 나올 때, 거미줄 망에서 자유롭게 리핑 / 점핑으로 줄을 넘는다. -음악이 멈추고, 북소리가 나면 하던 동작을 멈춘다. -다시 음악이 나오면, 거미줄 망 속을 뛰어다닌다. 
평가 단계	* 높고 낮음을 알고 줄이 높을 때는 기어가기로, 낮을 때는 리핑으로 뛰어넘을 수 있는가? * 소리에 민감하게 반응하며 균형을 잡고 신속하게 하던 동작을 멈출 수 있는가?

발달적 게임과 교육체조를 통합한 유아동작교육활동 계획안(9월 1차)					
생활 주제	도구와 기계	교육 활동 요소	발달적 게임과 교육 체조	발달적 게임 단계와 내용	발달적 게임Ⅰ-이동운동의 낮은 수준게임 발달적 게임Ⅱ-협력게임의 그룹시작 발달적 게임Ⅱ-협력게임의 그룹 문제해결 활동
활동명	줄사 다리!			교육체조 단계 와 내용	교육체조기술Ⅰ-신체조절 교육체조기술Ⅱ-비전통적 균형 교육체조기술Ⅲ-무게의 전이 교육체조기술Ⅳ-비행하는 신체
교육 목표	* 겔로핑으로 이동할 수 있다. * 지시에 따라 가리키는 방향으로 몸을 전환하여 겔로핑을 할 수 있다. * 안과 밖을 인식하고 줄사다리 안으로 / 밖으로 움직일 수 있다. * 몸을 낮추어 줄사다리를 연속해서 통과할 수 있다.				
준비물	* '별밤의 피아니스트' 음악, 줄사다리, 북				
도입 단계 (준비 운동)	* '별밤의 피아니스트' 음악과 함께 하는 요가 및 두뇌 체조 * 오늘 할 활동에 대해 간단히 소개하기				
움직임 익히기 단계	* 겔로핑(galloping) 하기 -(교사 시범 보이며) 왼발은 토끼가 되고 오른발은 여우가 될 거야. 토끼가 앞으로 도망을 가니 여우가 뒤 쫓아와요. 다시 토끼가 도망을 가니 여우가 쫓아와요. -토끼가 도망가고, 여우가 쫓아오고⋯⋯ 말을 하며 겔로핑을 한다. -앞에 돌이 있네요. 훌쩍 뛰어넘자. -북소리가 나면 지시하는 방향으로 바꾸어 가보자.				

대·소
도구
활용
단계
(생활
주제
통합)
	* 줄사다리(짧은 줄을 긴 줄에 엮어서 만든 사다리) 활동
	-이게 무엇일까? 어떤 모양으로 생겼니? 사다리로 무엇을 할 수 있을까?
	-유아가 나와 줄사다리를 어떻게 가지고 움직일 수 있는지 보여준다.
	-이번엔, 이렇게 해보자!
	-줄사다리를 옆으로 세워 지그재그로 통과하기
	-줄사다리 점프하기. 이때 한쪽 끝은 조금 올려 높이를 다르게 한다.
	-줄사다리 안으로 밖으로
	-선생님이 줄사다리를 바닥에 낮게 놓으면 점프하여 안으로 쏘옥, 높이 들면, 밖으
	  로 쏘옥 나오자.
	-선생님이 줄사다리를 바닥에 낮게 놓으면 점프하여 안으로 쏘옥, 옆으로 세우면
	  밖으로 쏘옥 나오자.				

발달적 게임과 교육체조를 통합한 유아동작교육활동 계획안(9월 1차)	
대·소 도구 활용 단계 (생활 주제 통합)	  
평가 단계	* 겔로핑으로 이동하는가? * 안과 밖을 인식하고 줄사다리 안으로 / 밖으로 움직이는가? * 민첩하게 지그재그로 줄사다리를 통과하는가?

발달적 게임과 교육체조를 통합한 유아동작교육활동 계획안(9월 2차)					
생활 주제	도구와 기계			발달적 게임 단계와 내용	발달적 게임Ⅰ-안정운동과 조작운동의 낮은 수준게임
활동명	집게!	교육 활동 요소	발달적 게임과 교육 체조		발달적 게임Ⅱ-협력게임의 그룹시작
					발달적 게임Ⅱ-협력게임의 그룹 문제해결 활동
				교육체조 단계 와 내용	교육체조기술Ⅰ-신체조절
					교육체조기술Ⅱ-비전통적 균형
교육 목표	* 신체부위에서 흔들 수 있는 곳을 알고 움직인다. * 높고 낮음, 아래 위, 전후좌우를 이해하고 움직인나. * 종이블록을 발로 집어 바구니에 정확하게 넣을 수 있다. * 종이블록을 발로 집어 제자리 한 바퀴 돌 수 있다. * 종이블록을 발로 집어 뒤 친구에게 놓치지 않고 전달할 수 있다.				
준비물	* '별밤의 피아니스트' 음악, 블록, 바구니				
도입 단계 (준비 운동)	* '별밤의 피아니스트' 음악과 함께 하는 요가 및 두뇌 체조 * 오늘 할 활동에 대해 간단히 소개하기				
움직임 익히기 단계	* 신체부위에서 흔들 수 있는 곳은? -머리/팔/손/허리/발 을 오른쪽, 왼쪽 흔들흔들 그려보자. -서서 한 발을 들고 앞뒤/좌우로 흔들흔들 그려보자. -앉아서 양발을 뻗어 좌우/아래위로 흔들흔들 그려보자. -짝을 정해, 한 명은 바닥에 낮게/한 명은 높게 발을 흔들흔들 그려보자. -한명은 아래/한 명은 위로 양팔을 뻗어 흔들흔들 그려보자.				
대소 도구 활용 단계 (생활 주제 통합)	* 집게 활동 -발로 블록을 어떻게 집을 수 있을까? -서서 양발 사이에 블록을 집어 점프해 보자. -앉아서 양발 사이에 블록을 집어 제자리 한 바퀴 돌아보자. -블록을 양발로 집고 앉아서 앞으로 가보자. -일렬로 앉아서, 집게발로 블록을 집어 뒤 친구에게 전달하자. -집게발로 블록을 집어 바구니에 넣어보자. 				

	발달적 게임과 교육체조를 통합한 유아동작교육활동 계획안(9월 2차)
평가 단계	* 다양한 신체부위로 흔들 수 있는가? * 전후좌우, 아래위, 높게, 낮게를 이해하고 움직이는가? * 발로 종이블록을 꼭 집어 한 바퀴 돌거나 앞으로 가기, 전달하기 등을 하는가?

발달적 게임과 교육체조를 통합한 유아동작교육활동 계획안(9월 3차)					
생활 주제	도구와 기계			발달적 게임 단계와 내용	발달적 게임Ⅰ-조작운동의 낮은 수준게임
활동명	우유팩으로 공 받기!	교육 활동 요소	발달적 게임과 교육 체조		발달적 게임Ⅱ-협력게임의 그룹시작 발달적 게임Ⅱ-협력게임의 그룹 문제해결 활동
				교육체조 단계 와 내용	교육체조기술Ⅰ-신체조절 교육체조기술Ⅱ-비전통적 균형 교육체소기술Ⅲ-무게의 전이
교육 목표	* 공을 튀겨서, 굴려서, 던져서 주고받을 수 있다. * 정해진 공간 밖을 나가지 않으면서 우유팩을 정확하게 찰 수 있다. * 공을 우유팩으로 받을 수 있다.				
준비물	* '별밤의 피아니스트' 음악, 공, 우유팩				
도입 단계 (준비 운동)	* '별밤의 피아니스트' 음악과 함께 하는 요가 및 두뇌 체조 * 오늘 할 활동에 대해 간단히 소개하기				
움직임 익히기 단계	* 큰 공, 친구와 다양한 방법으로 주고받기 -앉아서 다리를 벌려 굴리기 -서서, 바닥에 튀겨서 주고받기 -두 손으로 공을 잡고 몸 아래에서 위로 던져 주고받기 -두 손으로 공을 잡고 몸 위에서 아래로 던져 주고받기 -한 명이 공을 굴리면 반대편 유아는 엉덩이/무릎, 발바닥을 사용해 공을 정지시키기 				
대·소 도구 활용 단계 (생활 주제 통합)	*우유팩(빨간색과 파란색으로 포장된 우유팩) 활동! -우유팩으로 무엇을 할 수 있을까? -잠시 시간을 유아들에게 주어 우유팩을 어떻게 갖고 움직이는가를 주시하고 특이하게 사용하는 유아는 친구들에게 보이고 격려한다. -그럼, 이렇게도 해보자! -우유팩을 차보자. 이때 선을 그어 우유팩을 차다가 그 공간을 벗어나게 되면 아웃이 되도록 한다. 다음 유아가 아웃이 되면 기존에 있던 유아는 다시 공간 안으로 들어가도록 한다.				

발달적 게임과 교육체조를 통합한 유아동작교육활동 계획안(9월 3차)
대·소 도구 활용 단계 (생활 주제 통합)	－한 손으로 작은 볼풀 공을 높이 던져 다른 손에 있는 우유팩으로 받아보자. －2인 1조 짝을 정해, 한 명은 공을 던져 주고 다른 한 명은 멀리서 우유팩으로 그 공을 받아보자. 
평가 단계	* 공을 튀겨서, 굴려서, 던져서 주고받는가? * 정해진 공간 밖을 나가지 않으면서 우유팩을 정확하게 차는가? * 우유팩을 이용해 던져진 공을 받는가?

발달적 게임과 교육체조를 통합한 유아동작교육활동 계획안(9월 4차)					
생활 주제	도구와 기계				발달적 게임 I - 조작운동의 낮은 수준게임
활동명	공 치기	교육 활동 요소	발달적 게임과 교육 체조	발달적 게임 단계와 내용	발달적 게임 II - 협력게임의 그룹 시작 발달적 게임 II - 협력게임의 그룹 문제해결 활동
				교육체조 단계 와 내용	교육체조기술 I - 신체조절
교육 목표	* 손으로 떨어지는 공을 맞출 수 있다. * 방망이로 떨어지는 공을 칠 수 있다. * 정지해 있는 공을 방망이로 칠 수 있다.				
준비물	* '별밤의 피아니스트' 음악, 볼풀 공, 백업으로 만든 가벼운 방망이				
도입 단계 (준비 운동)	* '별밤의 피아니스트' 음악과 함께 하는 요가 및 두뇌 체조 * 오늘 할 활동에 대해 간단히 소개하기				
움직임 익히기 단계	* 손으로 공치기 - 볼풀 공을 하나씩 나누어준다. - 어떤 신체부위로 공을 칠 수 있을까? - (교사 시범 보이며)손가락을 펴서 / 손가락을 모아서 쳐보자. - 한 손으로는 공을 위에서 아래로 던지고, 다른 한 손으로는 떨어지는 공을 쳐보자.				
대·소 도구 활용 단계 (생활 주제 통합)	* 백업 방망이로 공을 쳐보자. - 백업으로 만든 가벼운 방망이를 하나씩 나누어준다. - 이제, 이 방망이로 공을 쳐보자. - (교사 시범보이며) 이렇게, 한 손으로 공을 위로 던져서 떨어지는 공을 '딱' 쳐보자. - 바닥에 공을 놓고, 방망이로 쳐보자. - 짝을 정해 주고받으며 쳐보자. 				
평가 단계	* 손으로 떨어지는 공을 맞추는가? * 방망이로 떨어지는 공을 맞추는가? * 정지해 있는 공을 방망이로 맞추는가?				

생활 주제	가을				발달적 게임 I – 조작운동의 낮은 수준게임
활동명	사과 따기!	교육 활동 요소	발달적 게임과 교육 체조	발달적 게임 단계와 내용	발달적 게임 II – 협력게임의 그룹시작
					발달적 게임 II – 협력게임의 그룹 문제해결 활동
				교육체조 단계와 내용	교육체조기술 I – 신체조절 교육체조기술 II – 전통적 균형 중 평균대 물구나무서기

교육 목표	* 평균대나 벽에 양발을 올리고 양손은 바닥을 짚을 수 있다. * 소리에 민감하게 반응하며 방향을 전환할 수 있다. * 손과 방망이로 높이 달려 있는 물체를 리핑으로 칠 수 있다.
준비물	* '알록달록 콩콩이' 음악, 평균대, 매트, 볼풀 공, 풍선, 줄, 백업 방망이
도입 단계 (준비 운동)	* '알록달록 콩콩이' 음악과 함께 하는 스템퍼 체조 * 오늘 할 활동에 대해 간단히 소개하기
움직임 익히기 단계	* 매미처럼 나무에 거꾸로 매달려보자. - 평균대 위에 양 발을 놓고 양팔은 바닥을 짚는다. - 매미가 되어 '맴맴' 5~10번만 울어본다. - 평균대 위에 양발을 놓고 양팔은 바닥을 짚고 옆으로 조금씩 이동하기 - 벽에 양발을 올리고 양팔은 바닥을 짚는다. 이때 바닥에는 매트를 깔아 안전에 유의한다.
대·소 도구 활용 단계 (생활 주제 통합)	*사과를 따러가자. - 가을에 볼 수 있는 과일에 대해 이야기 나눈다. - 친구들은 어떤 과일을 좋아하나요, 왜? 지금처럼 가을에는 어떤 과일들을 먹을 수 있을까? - 사과요, 배요, 감요……. - 사과, 배, 감은 누구 덕분에 우리가 먹을 수 있을까? - 농부아저씨요…….

발달적 게임과 교육체조를 통합한 유아동작교육활동 계획안(10월 1차)	
대소 도구 활용 단계 (생활 주제 통합)	- 맞아요, 땀 흘려 일하시는 농부아저씨 덕분에 우리가 맛있는 사과, 배, 감을 먹을 수가 있어요. 그럼, 우리 친구들이 농부아저씨가 되어 오늘은 맛있는 사과를 한번 따 보도록 하자. - 다음과 같이 기구를 설치한다. - 출발선 지점에는 유아들이 뛰어서 쉽게 닿을 수 있는 높이(유아의 어깨 지점)로 긴 줄에 사과(볼풀 공)를 달아 놓는다. - 반대편 지점에는 아주 높게 큰 사과(풍선)를 매달아 놓고 아래에 요술방망이를 놓는다. - 음악을 들려주고, 소리가 작게 들릴 때는 출발선의 중간 높이로 달린 사과를 향 해 뒤에서 힘껏 달려와 한 발로 뛰이 손바닥으로 힘껏 때려본다. - 소리가 크게 들릴 때는 시냇물을 한 발로 뛰어넘어 반대편 쪽에 있는 높이 달려 있는 사과를 향해 달려간다. - 사과 아래 있는 방망이를 잡고 뒤에서 달려와 한 발로 뛰어 쳐보도록 한다. - 다시, 소리가 작게 들릴 때는 방망이는 바닥에 두고, 시냇물을 한 발로 뛰어 넘어 낮게 달려있는 사과 쪽으로 달려가 한 발로 뛰어 힘껏 손바닥으로 치도록 한다. 소리가 크게 날 때는 다시 반대편으로 달려간다. - 저음과 고음을 반복해서 들려주며 위와 같은 활동을 반복한다.
평가 단계	* 평균대와 벽에 양발을 올리고 양손은 바닥을 짚어 넘어지지 않고 균형을 유지하 는가? * 소리에 민감하게 반응하며 방향을 전환하는가? * 손과 방망이로 높이 달려 있는 물체를 리핑으로 맞추는가?

발달적 게임과 교육체조를 통합한 유아동작교육활동 계획안(10월 2차)					
생활 주제	가을	교육 활동 요소	발달적 게임과 교육 체조	발달적 게임 단계와 내용	발달적 게임 I - 안정운동의 낮은 수준게임 발달적 게임 II - 협력게임의 그룹시작 발달적 게임 II - 협력게임의 그룹 문제해결 활동
활동명	흔들리는 갈대!			교육체조 단계 와 내용	교육체조기술 I - 신체조절 교육체조기술 II - 균형 및 구르기 중 2인 1조 옆 구르기 교육체조기술 III - 무게의 전이 교육체조기술 IV - 비행하는 신체

교육 목표	* 등에 손을 짚고 넘을 수 있다. * 앞뒤 방향을 이해하고 움직인다. * 친구와 손을 잡거나 안고서 옆 구르기를 함께 할 수 있다. * 경사진 매트를 옆으로 구를 수 있다.
준비물	* '알록달록 콩콩이' 음악, 매트, 갈대
도입 단계 (준비 운동)	* '알록달록 콩콩이' 음악과 함께 하는 스텝퍼 체조 * 오늘 할 활동에 대해 간단히 소개하기
움직임 6익히기 단계	* 손짚고 옆돌기 - 짝을 정해준다. - 한 명이 짝의 등에 양손을 짚고 발을 힘껏 차며 등 뒤로 뛰어 넘는다. - 넘은 후, 반대방향으로도 한다. - 두 그룹으로 나눈 후, 한 그룹은 일정간격을 두고 웅크리고 앉는다. - 다른 그룹은 차례대로 연속해서 친구들의 등에 손을 놓고 발을 힘껏 차며 등 뒤로 넘어간다.
대·소 도구 활용 단계 (생활 주제 통합)	* 가을에 볼 수 있는 갈대에 관해 이야기 나누기 -(수수께끼를 내며)첫 번째 힌트. 이 식물은 가을에 흔히 볼 수 있어요. 뭘까요? - 두 번째 힌트. 이 식물은 바람이 부는 데로 움직여요. 약하게 불면 조금 이렇게 (행동으로 보여주며)움직이고, 세게 불면 이렇게(행동으로 보여주며) 많이 흔들리고……. - 마지막 힌트. 이 식물은 물가나 습지에서 살아요. -(갈대 사진을 보여주며, 실제 갈대도 보여준다)갈대에요. 본 적 있나요? * 바람에 날려 뒹구는 갈대처럼 우리도 굴러보자! - 바닥에 매트를 설치 한 후, 유아 2명을 서로 엎드리게 한다. 이때 한 명은 위에, 한 명은 매트 바닥에 엎드리게 한 뒤 서로 부둥 켜 앉도록 한다. - 바람 소리와 함께 서로 꼭 껴 앉은 채 큰 언덕(매트)을 구르도록 한다. - 유아 2명이 서로 손을 잡은 채 일자로 큰 언덕에 엎드리도록 한 뒤, 바람 소리와 함께 손이 꼬이지 않게 조심하며 구른다.

발달적 게임과 교육체조를 통합한 유아동작교육활동 계획안(10월 2차)	
대·소 도구 활용 단계 (생활 주제 통합)	-매트의 가운데 부분을 조금 높게 하여 경사지게 한다. 혼자서 옆 구르기로 올라 갔다 내려간다. 
평가 단계	* 등에 손을 짚고 옆돌기 방법으로 넘는가? * 앞뒤 방향을 이해하고 움직이는가? * 친구와 손을 잡거나 안고서 옆구르기를 함께 하는가?

발달적 게임과 교육체조를 통합한 유아동작교육활동 계획안(10월 3차)				
생활 주제	가을		발달적 게임 단계와 내용	발달적 게임 I - 안정운동과 이 동운동의 낮은 수준게임 발달적 게임 II - 협력게임의 그룹시작 발달적 게임 II - 협력게임의 그룹 문제해결 활동
활동명	가을하늘 그리기!	교육 활동 요소	발달적 게임과 교육 체조	교육체조 단계 와 내용	교육체조기술 I - 신체조절 교육체조기술 II - 비전통적 균형 교육체조기술 III - 무게의 전이 교육체조기술 IV - 비행하는 신체
교육 목표	* 홉핑, 점핑, 스키핑으로 두 줄 사이를 안에서 밖으로 건너다닐 수 있다. * 다리를 벌렸다 민첩하게 모으며 신문지 구멍 안으로 밖으로 움직일 수 있다. * 안과 밖을 이해하고 움직인다. * 균형을 유지하며 물감이 묻은 신문지 뭉치가 바닥에 떨어지지 않도록 조절할 수 있다. * 협동하며 가을하늘을 그린 종이를 함께 들고 지그재그로 걸을 수 있다.			
준비물	* '알록달록 콩콩이' 음악, 신문지, 긴 줄, 물감, 종이, 콘			
도입 단계 (준비 운동)	* '알록달록 콩콩이' 음악과 함께 하는 스텝퍼 체조 * 오늘 할 활동에 대해 간단히 소개하기			
움직임 익히기 단계	* 안으로 밖으로 뛰어넘기 - 긴 두 줄을 양손으로 잡고 물결치듯 흔들거린다. - 홉핑 / 점핑 / 스키핑으로 흔들거리는 줄 안으로 들어갔다 다시 밖으로 나온다. * 신문지 안으로 밖으로 - 신문지 가운데 동그랗게 구멍을 낸다. - 발을 모으며 신문지 구멍 안으로 점프해 들어간다. - 발을 크게 벌리며 신문지 구멍 밖으로 점프해 나간다.			
	* 맑은 가을 하늘을 그리자! - 5명이 한 팀이 되어 4명은 큰 종이 모서리를 잡고 나머지 한 명은 신문지 뭉치에 물감을 묻힌다. - 물감이 묻은 신문지 뭉치를 종이 위에 올린다. - 종이를 잡은 팀원들이 종이를 흔들며 신문지 뭉치가 굴러다니도록 한다. - 한 명은 계속해서 팀원들이 원하는 색의 물감을 신문지 뭉치 위에 뿌리도록 한다. - 신문지 뭉치가 바닥에 떨어지지 않도록 종이 높이를 잘 조절하며 움직이고, 종이를 함께 '하나 둘 셋'에 어깨 높이로 들어 올리고 배꼽높이로 내리기도 한다. - 마지막으로, 콘 사이를 가을 하늘을 그린 종이를 잡고 지그재그로 걷는다.			

	발달적 게임과 교육체조를 통합한 유아동작교육활동 계획안(10월 3차)
대·소 도구 활용 단계 (생활 주제 통합)	 
평가 단계	* 홉핑, 점핑, 스키핑으로 두 줄 사이를 안에서 밖으로 건너다니는가? * 점프하며 양발을 신속하게 벌리고 모으는가? * 안과 밖을 이해하고 움직이는가? * 균형을 유지하며 물감이 묻은 신문지 뭉치가 바닥에 떨어지지 않도록 조절하는가? * 친구들과 협동하며 움직이는가?

발달적 게임과 교육체조를 통합한 유아동작교육활동 계획안(10월 4차)				
생활 주제	가을	교육 활동 요소	발달적 게임과 교육 체조	발달적 게임 단계와 내용	발달적 게임 I - 안정운동과 조작운동의 낮은 수준게임 발달적 게임 II - 협력게임의 그룹시작 발달적 게임 II - 협력게임의 그룹 문제해결 활동
활동명	가을 운동회!			교육체조 단계와 내용	교육체조기술 I - 신체조절 교육체조기술 II - 균형 및 구르기 중 뒤구르기 교육체조기술 III - 무게의 전이 교육체조기술 IV - 비행하는 신체
교육 목표	* 점핑, 홉핑으로 친구의 다리를 건너다닐 수 있다. * 튀어 나오는 볼을 양손으로 잡을 수 있다. * 교사의 도움을 받아 뒤구르기를 할 수 있다. * 기울어진 평균대를 옆으로 걸을 수 있다. * 높은 위치에서 아래로 자신 있게 뛰어내릴 수 있다.				
준비물	* '알록달록 콩콩이' 음악, 볼, 매트, 평균대, 유니바, 뜀틀				
도입 단계 (준비 운동)	* '알록달록 콩콩이' 음악과 함께 하는 스텝퍼 체조 * 오늘 할 활동에 대해 간단히 소개하기				
움직임 익히기 단계	* 뛰어넘기! - 짝을 정해 준 후, 앉도록 한다. - 한 명은 양다리를 크게 벌리고, 다른 한 명은 바닥에 손을 짚고 다리를 모아, 다리를 벌린 친구의 다리 사이를 양발을 올렸다 내리며 넘는다. - 한 명은 앉아, 발을 크게 벌리고, 다른 한 명은 서서 점핑/홉핑으로 다리 사이를 뛰어넘는다.				
대·소 도구 활용 단계 (생활 주제 통합)	* 다음과 같이 순환식으로 기구를 배치한다. - 점핑 볼 기계, 매트, 경사평균대, 유니바, 뜀틀 - 신나는 가을 운동회를 열어보자! - 버턴을 누르면 공이 나오는 점핑 볼에서 민첩하게 튀어나오는 공을 잡자. - 경사 매트(매트 가운데가 올라와 있다)에서 뒤구르기를 하자. - 경사 평균대(한쪽 끝이 높다)를 발을 지그재로 걸어보자. - 유니바 다리(유니바를 가로로 연결)위를 조심해서 걷자. - 뜀틀 위에서 힘껏 뛰어내리자!				

발달적 게임과 교육체조를 통합한 유아동작교육활동 계획안(10월 4차)	
대·소 도구 활용 단계 (생활 주제 통합)	 
평가 단계	* 점핑, 홉핑으로 친구의 다리를 뛰어넘는가? * 튀어 나오는 볼을 양손으로 민첩하게 잡는가? * 교사의 도움을 받아 뒤구르기를 하는가? * 기울어진 평균대를 옆으로 걷는가? * 높은 위치에서 아래로 자신 있게 뛰어내리는가?

발달적 게임과 교육체조를 통합한 유아동작교육활동 계획안(11월 1차)					
생활 주제	민속 놀이	교육 활동 요소	발달적 게임과 교육 체조	발달적 게임 단계와 내용	발달적 게임 I - 조작운동의 낮은 수준게임 발달적 게임 II - 협력게임의 그룹시작 발달적 게임 II - 협력게임의 그룹 문제해결 활동
활동명	깡통 비석치기!			교육체조 단계 와 내용	교육체조기술 I - 신체조절 교육체조기술 II - 비전통적 균형 교육체조기술 III - 무게의 전이 교육체조기술 IV - 비행하는 신체
교육 목표	* 걷다가 / 달리다가 북소리 신호에 따라 높이 점프할 수 있다. * 깡통을 머리, 어깨, 손바닥, 발등, 무릎, 배 위에 올려놓고 균형을 잡을 수 있다. * 깡통을 굴리거나 던져서 떨어져 있는 다른 깡통을 맞출 수 있다. * 깡통을 목과 옆구리에 끼우고 천천히 걸어갈 수 있다. * 깡통을 무릎과 발목 사이에 끼우고 점프하여 이동할 수 있다.				
준비물	* '알록달록 콩콩이' 음악, 북, 깡통				
도입 단계 (준비 운동)	* '알록달록 콩콩이' 음악과 함께 하는 스텝퍼 체조 * 오늘 할 활동에 대해 간단히 소개하기				
움직임 익히기 단계	* 걸어가다가 북소리가 나면 높이 점프하기 * 달리다 북소리가 나면 높이 점프하기				
대·소 도구 활용 단계 (생활 주제 통합)	* 우리나라 민속놀이에는 어떤 것이 있을까? - 할아버지, 할머니들이 했던 민속놀이를 우리도 한번 해보도록 하자. 그런데, 민속놀이에는 어떤 것들이 있을까? - 연날리기, 제기차기, 팽이치기, 그네타기, 씨름, 비석치기요…… - 오늘은 여러 가지 민속놀이 중에서 비석치기를 해보자. 비석치기 해본 친구 있나요? 어떻게 하는 거지? - 돌로 던져 맞히는 거예요……. - 맞아요. 돌을 던져 멀리 있는 다른 돌을 맞춰보는 건데……. 오늘은 돌 대신 (파란색과 빨간색 종이가 붙여져 있는 깡통을 보이며)이렇게 깡통으로 해보도록 하자. * 다양한 깡통비석치기 놀이! - 깡통을 머리, 어깨, 무릎, 발등, 손등, 배 위에 올려놓고 균형을 잡아보자. - 깡통을 굴려 짝의 깡통을 넘어뜨려보자. - 깡통을 던져 짝의 깡통을 넘어뜨려보자. - 깡통을 목, 옆구리에 끼우고 걸어가 짝의 깡통을 넘어뜨려보자. - 깡통을 무릎, 발목 사이에 끼우고 점프로 이동해 짝의 깡통을 넘어뜨려보자.				

발달적 게임과 교육체조를 통합한 유아동작교육활동 계획안(11월 1차)	
대·소 도구 활용 단계 (생활 주제 통합)	
평가 단계	* 걷다가 / 달리다가 북소리 신호에 반응하며 높이 점프하는가? * 깡통을 다양한 신체부위에 올려놓고 균형을 잡을 수 있는가? * 깡통을 굴리거나 던져서 떨어져 있는 다른 깡통을 맞추는가? * 깡통을 목과 옆구리에 끼우고 천천히 걸어가는가? * 깡통을 무릎과 발목 사이에 끼우고 점프하여 이동하는가?

발달적 게임과 교육체조를 통합한 유아동작교육활동 계획안(11월 2차)					
생활 주제	민속놀이			발달적 게임 단계와 내용	발달적 게임Ⅰ-조작운동의 낮은 수 준게임 발달적 게임Ⅱ-협력게임의 그룹시작 발달적 게임Ⅱ-협력게임의 그룹 문 제해결 활동
활동명	투호!	교육 활동 요소	발달적 게임과 교육 체조	교육체조 단 계와 내용	교육체조기술Ⅰ-신체조절 교육체조기술Ⅱ-비전통적 균형 교육체조기술Ⅲ-무게의 전이
교육 목표	* 줄 고리를 양손으로 잡고 아래에서 위로 던져 떨어져 있는 친구의 신체부위에 넣 을 수 있다. * 한 팔을 앞으로/한 발을 앞으로, 한 발만 높이 뻗을 수 있다. * 신문지 뭉치, 볼풀 공/테니스 공, 투호화살을 위에서 아래로 던질 수 있다.				
준비물	* '알록달록 콩콩이' 음악, 줄 고리, 신문지 뭉치, 볼풀 공, 테니스 공, 투호, 바구니				
도입 단계 (준비 운동)	* '알록달록 콩콩이' 음악과 함께 하는 스텝퍼 체조 * 오늘 할 활동에 대해 간단히 소개하기				
움직임 익히기 단계	* 신체부위에 줄 고리를 던져 넣자! - 짝을 정해 준 후, 1m이상 거리를 두고 정해진 자리에 서도록 한다. - 한 명이 줄 고리(짧은 줄을 묶은)를 양손으로 잡고 아래에서 위로 던진다. - 다른 한 명은 다음 방법으로 줄 고리가 들어갈 동작을 만든다. - 한 팔을 앞으로 뻗어라. - 한 발을 앞으로 뻗어라. - 양손은 바닥을 짚고 한 발만 높이 뻗어라. - 뒤로 돌아 양손은 바닥을 짚고 한 발만 높이 뻗어라.				
대·소 도구 활용 단계 (생활 주제 통합)	* 다양한 방법으로 골인시키기 - 5-6명으로 소그룹을 만든 후, 동그랗게 서도록 한다. 가운데는 바구니를 놓는다. - 신문지 뭉치를 위에서 아래로 던져 바구니에 골인시키기 - 볼풀 공/테니스 공을 위에서 아래로 던져 바구니에 골인시키기 - 소그룹의 유아들을 한 줄기차로 세운 뒤, 실제 투호활동 하기 - 교사는 충분히 연습할 시간을 주며 활동 중인 유아들을 돌며 던지기 자세를 바로 잡아준다.				
대·소 도구 활용 단계 (생활 주제 통합)					

발달적 게임과 교육체조를 통합한 유아동작교육활동 계획안(11월 2차)	
평가 단계	* 줄 고리를 아래에서 위로 던져 떨어져 있는 친구의 신체부위에 정확하게 넣는가? * 한 팔을 앞으로 / 한 발을 앞으로, 한 발만 높이 뻗는가? * 신문지 뭉치, 볼풀 공 / 테니스 공, 투호화살을 위에서 아래로 던져 바구니, 투호통 에 넣는가?

발달적 게임과 교육체조를 통합한 유아동작교육활동 계획안(11월 3차)					
생활 주제	민속놀이	교육 활동 요소	발달적 게임과 교육 체조	발달적 게임 단계와 내용	발달적 게임Ⅰ-조작운동의 낮은 수준게임 발달적 게임Ⅱ-협력게임의 그룹 시작 발달적 게임Ⅱ-협력게임의 그룹 문제해결 활동
활동명	격구!			교육체조 단계 와 내용	교육체조기술Ⅰ-신체조절 교육체조기술Ⅱ-비전통적 균형 교육체조기술Ⅲ-무게의 전이
교육 목표		* 양손으로 공을 바닥으로 밀고 다시 튀겨 올라오는 공을 양손으로 잡을 수 있다. * 한 손으로 공을 바닥으로 밀고 튀겨서 올라오는 공을 다시 밀수 있다. * 정해진 공간 안에서 방망이로 돼지 저금통을 치며 이동할 수 있다.			
준비물		* '알록달록 콩콩이' 음악, 땡땡 볼, 격구활동 사진, 백업 방망이, 돼지 저금통			
도입 단계 (준비 운동)		* '알록달록 콩콩이' 음악과 함께 하는 스텝퍼 체조 * 오늘 할 활동에 대해 간단히 소개하기			
움직임 익히기 단계		* 공 튀겨 받기 / 튀기기 -(교사 시범 보이며) 양손으로 공을 바닥으로 밀며 튀겨서 다시 올라오는 공을 양 　손으로 잡자. -(교사 시범 보이며) 한 손으로 공을 바닥으로 밀며 튀겨서 올라오는 공을 다시 밀자. - 색 테이프로 공간을 정해주고, 공간 안에 콘을 간격을 두고 여러 개를 놓는다. 콘 　사이를 돌아다니며 공을 튀겨본다.			
대소 도구 활용 단계 (생활 주제 통합)		* 격구 놀이! - 격구에 대해 이야기 나눈다. -(격구하는 사진을 보여주며) 옛날 할아버지들은 말을 타고 막대기로 공을 쳐서 　골인 시키는 놀이를 했데요. 우리도 막대기로 공을 '딱' 쳐서 골인시켜보자. - 색 테이프로 공간을 정해 두고, 그 안에 여러 개의 콘을 간격을 두고 놓는다. - 백업 방망이와 돼지 저금통을 하나씩 나누어준다. - 양손으로 백업 방망이를 쥐고, 돼지 저금통을 친다. 이때 콘 사이를 자유롭게 돌 　아 다니며 친다. - 돼지 저금통이 정해둔 공간에서 나오게 되면, 잠시 의자에 앉아 천천히 20까지 　세고 다시 활동에 참가한다.			
대·소 도구 활용 단계 (생활 주제 통합)					

발달적 게임과 교육체조를 통합한 유아동작교육활동 계획안(11월 3차)
평가 단계	* 공을 양손으로 한 번 튀겨 받는가? * 공을 한 손으로 두 번 연속해서 튀기기를 하는가? * 정해진 공간 안에서 방망이로 돼지 저금통을 치는가?

발달적 게임과 교육체조를 통합한 유아동작교육활동 계획안(11월 4차)				
생활 주제	민속 놀이	교육 활동 요소	발달적 게임과 교육 체조	발달적 게임 I - 조작운동의 낮은 수 준게임
			발달적 게임 단계와 내용	발달적 게임 II - 협력게임의 그룹시 작
활동명	제기 차기!			발달적 게임 II - 협력게임의 그룹 문 제해결 활동
			교육체조 단계 와 내용	교육체조기술 I - 신체조절 교육체조기술 II - 비전통적 균형 교육체조기술 III - 무게의 전이
교육 목표	* 바른 자세로 정지된 공을 찰 수 있다. * 바른 자세로 움직이는 공을 찰 수 있다. * 끈에 매달린 제기를 찰 수 있다. * 북소리의 강약 / 느림과 빠름에 반응하며 방향전환할 수 있다. * 30cm높이의 줄을 리핑으로 뛰어넘을 수 있다.			
준비물	* '알록달록 콩콩이' 음악, 축구공, 제기, 짧은 끈, 긴 줄, 북			
도입 단계 (준비 운동)	* '알록달록 콩콩이' 음악과 함께 하는 스텝퍼 체조 * 오늘 할 활동에 대해 간단히 소개하기			
움직임 익히기 단계	* 다양한 방법으로 축구공차기 -(교사 천천히 시범 보이며) 뒤에서 앞으로, 달려가 한 발은 공 옆에 한 발은 뒤에 서 앞으로 이렇게 '뻥' 차보자. 반대발로도 차보자. -짝을 정한 후, 달려가 정지된 공 짝에게 차기 -(교사 천천히 시범 보이며) 이렇게 공이 굴러오면 공이 가는 방향으로 걷거나 달 려가 한 발로 '뻥' 차보자. -짝이 느리게 굴러주는 공 방향으로 이동하여 차기.			
	* 제기차기에 관해 이야기 나눈다. -제기차기를 해보도록 할 건데, 제기차기 해본 적 있나요? -네……. -제기차기 쉬웠나요? -아니요……. -그래요. 친구들은 아직 제기차기가 쉽지 않을 거예요. 그래서 선생님이 (끈에 매 달린 제기를 보여주며)이렇게 제기에 끈을 매달았어요. 한 손으로 제기를 잡고 발 안쪽으로 힘껏 차보도록 하자. -한 손으로 끈을 잡고, 발 안쪽 / 발등으로 힘차게 제기를 차자. * 줄에 매달린 제기를 차보자. -출발선 위치의 긴 줄에는 유아의 무릎 높이 정도에 제기를 달고 반대편 떨어진 곳에는 어깨 높이정도로 제기를 달아 놓는다. -북소리가 약하게 느리게 들릴 때는 무릎 높이 줄에 달린 제기를 발등으로 차자. -북소리가 세게 빠르게 들릴 때는 반대편으로 달려가 어깨 높이로 달린 제기를 발등으로 차자. 이때 두 줄 사이에 30cm 높이의 또 다른 줄을 설치하여 리핑으로 뛰어 넘어간다.			

발달적 게임과 교육체조를 통합한 유아동작교육활동 계획안(11월 4차)	
대·소 도구 활용 단계 (생활 주제 통합)	
평가 단계	* 바른 자세로 정지된 공 / 움직이는 공을 한 발로 차는가? * 끈에 매달린 제기를 차는가? * 북소리의 강약 / 느림과 빠름에 반응하며 방향전환을 하는가? * 30㎝높이의 줄을 리핑으로 뛰어넘는가?

발달적 게임과 교육체조를 통합한 유아동작교육활동 계획안(12월 1차)					
생활 주제	겨울/ 성탄절	교육 활동 요소	발달적 게임과 교육 체조	발달적 게임 단계와 내용	발달적 게임 I - 이동운동의 낮은 수 준게임 발달적 게임 II - 협력게임의 그룹시작 발달적 게임 II - 협력게임의 그룹 문 제해결 활동
활동명	성탄 선물			교육체조 단계 와 내용	교육체조기술 I - 신체조절 교육체조기술 II - 비전통적 균형 교육체조기술 III - 무게의 전이 교육체조기술 IV - 비행하는 신체
교육 목표	* 다양한 모양 줄 위를 넘어지지 않고 걸어갈 수 있다. * 모양 줄을 밟지 않고 점프 이동운동으로 건너갈 수 있다. * 몸으로 동그라미, 세모, 네모, 지그재그 모양을 표현할 수 있다. * 다양한 신체부위에 성탄선물 풍선을 끼워 떨어뜨리지 않고 전후좌우로 점프 할 수 있다. * 친구와 도와가며 성탄선물 풍선을 떨어뜨리지 않고 함께 걸을 수 있다.				
준비물	* '휘파람 부르며', '알록달록 콩콩이' 음악, 풍선, 긴 줄				
도입 단계 (준비 운동)	* '알록달록 콩콩이' 음악과 함께 하는 스텝퍼 체조 * 오늘 할 활동에 대해 간단히 소개하기				
움직임 익히기 단계	* 다양한 모양의 줄 따라 걷기 - 동그라미, 네모, 세모, 지그재그 모양의 줄 따라 팔 벌려 걷기 - 걸은 후, 동그라미, 세모, 네모, 지그재그 모양 몸으로 표현해보기 - 지그재그 모양 줄 밖으로 점프하며 가보기 				

발달적 게임과 교육체조를 통합한 유아동작교육활동 계획안(12월 1차)	
대·소 도구 활용 단계 (생활 주제 통합)	* 성탄선물인 풍선이 떨어지지 않게 하려면 신체 어느 부위에 끼워야 될까? -겨드랑이, 허벅지, 무릎, 발목, 팔꿈치 사이에 끼우고 깡충깡충 전후좌우로 점프를 해보자. * 양손을 사용하지 않고 풍선을 몸에 두려면? -친구가 도와줘요. -2인 1조로 하여 풍선을 등과 배에 놓고 손을 놓자. -풍선이 떨어지지 않게 살금살금 걸어보자.  
평가 단계	* 다양한 모양 줄 위를 균형 있게 걷고, 점프 이동운동으로도 건널 수 있는가? * 몸으로 동그라미, 세모, 네모, 지그재그 모양을 표현할 수 있는가? * 다양한 신체부위에 풍선을 끼워 떨어뜨리지 않고 전후좌우로 점프할 수 있는가? * 친구와 도와가며 풍선을 떨어뜨리지 않고 걸을 수 있는가?

발달적 게임과 교육체조를 통합한 유아동작교육활동 계획안(12월 2차)					
생활 주제	겨울/ 성탄절	교육 활동 요소	발달적 게임과 교육 체조	발달적 게임 단계와 내용	발달적 게임Ⅰ-이동운동과 조 작운동의 낮은 수준게임
					발달적 게임Ⅱ-협력게임의 그 룹시작
					발달적 게임Ⅱ-협력게임의 그 룹 문제해결 활동
활동명	성탄 선물 나르기!			교육체조 단계 와 내용	교육체조기술Ⅰ-신체조절
					교육체조기술Ⅱ-비전통적 균형
					교육체조기술Ⅲ-무게의 전이
					교육체조기술Ⅳ-비행하는 신체
교육 목표	* 친구와 양손을 잡고 북소리의 신호에 따라 방향을 바꾸어가며 스키핑을 할 수 있다. * 천 위에 놓인 공을 떨어뜨리지 않고 옆으로 이동할 수 있다. * 친구와 협동하여 천 위에 놓인 공을 높이 띄울 수 있다.				
준비물	* '알록달록 콩콩이' 음악, 북, 네모 모양의 천, 땡땡 볼				
도입 단계 (준비 운동)	* '알록달록 콩콩이' 음악과 함께 하는 스텝퍼 체조 * 오늘 할 활동에 대해 간단히 소개하기				
움직임 익히기 단계	* 친구랑 스키핑을 하자! -긴 줄로 큰 동그라미를 바닥에 붙여 놓는다. -짝을 정한 후, 서로 양손을 잡는다. -음악과 함께 시계방향으로 스키핑을 한다, 이때 잡은 손은 놓지 않는다. -북소리와 함께, 시계반대방향으로 손을 놓지 않고 스키핑을 한다. -북소리의 신호에 따라 민첩하게 방향을 바꾸어가며 친구와 함께 스키핑을 한다.				
대·소 도구 활용 단계 (생활 주제 통합)	* 성탄 선물! -크리스마스에 대해 이야기 나눈다. -크리스마스 때 선물 받아봤지요! 오늘은 크리스마스 선물을 친구들에게 날라보자! -짝을 정한 후, 네모 모양의 천을 하나씩 나누어준다. -천의 양 끝을 잡고 스키핑으로 다른 친구들과 부딪치지 않고 이동하기 * 성탄 선물 공 띄우기! -천을 잡고 있는 유아들의 간격을 80cm정도 띄운다. -천 위에 땡땡 볼 하나씩을 올려준다. -볼이 떨어지지 않게 균형을 잡자. -하나, 둘, 셋 신호에 천을 당기며 볼을 높이 띄워보자. * 성탄 선물 땡땡 볼 천으로 나르기! -맨 앞에 유아의 천 위에만 땡땡 볼 하나를 올려준다. -조심해서 천을 잡고 옆으로 옆으로 이동하여 다음 친구 천 위로 전달한다.				
평가 단계	* 친구와 양손을 잡고 북소리의 신호에 따라 방향을 바꾸어가며 스키핑을 하는가? * 천 위에 놓인 공을 떨어뜨리지 않고 옆으로 이동하는가? * 친구와 협동하여 천 위에 놓인 공을 높이 띄우는가?				

iii. 도입단계에 실시한 체조활동

〈iii-1〉'휘파람 부르며' 음악과 함께 한 맨손체조 활동모습

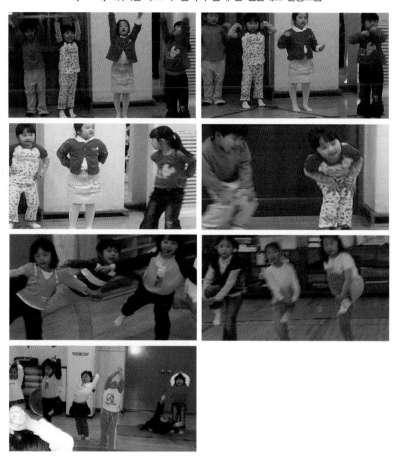

〈ⅲ-2〉 '별밤의 피아니스트' 음악과 함께 한 맨손체조 활동모습

〈ⅲ-3〉 스텝퍼(stepper) 체조 활동모습

참고문헌

강은영(2001). 전통놀이 프로그램이 유아의 기초체력 및 기본운동기술에 미치는 영향. 전남대학교 교육대학원 석사학위논문.

곽미자(2003). 동화를 활용한 교수방법이 유아의 동작표현 활동능력에 미치는 영향. 군산대학교 교육대학원 석사학위논문.

곽창옥(1993). 유치원유아의 체육프로그램 참여여부가 체격과 체력에 미치는 영향. 전남대학교 대학원 석사학위논문.

교육부(1999). 유치원 교육과정 해설. 교육부.

김경수(1995). 유아, 어린이 체육백과. 제5권. 서울: 대경출판사.

김길숙(1999). 동작요소 중심 동작교육 프로그램이 신체표현 능력 향상에 미치는 영향. 부산대학교 교육대학원 석사학위논문.

김대진(1982). 국민학교 새 체육교과서에 반영된 움직임교육 프로그램 분석연구. 한국체육학회지, 21(1), pp.5~7.

김도수(1996). 게임유형이 초등학교 학습자의 정의적 영역의 발달에 미치는 영향. 한국교원대학교 대학원 석사학위논문.

김명주(2006). 전래동화그림책을 활용한 동작활동이 유아의 기초체력에 미치는 영향. 한국교원대학교 교육대학원 석사학위논문.

김민성(1993). 놀이형태에 따른 아동의 심리반응 연구. 고려대학교 대학원 석사학위논문.

김복희, 오동섭(2001). 고대그리스 운동선수의 의상과 나체경기. 한국체육학회지, 40(2), pp.21~31.

김선진, 한동욱, 박승하, 김용호(2003). 운동발달의 이해. 서울대학교 출판부.

김성재(2006). 유아 신체활동의 가치 정당화에 관한 일소고. 한국교육문제연구소 논문집, 23, pp.71~95.

김성재(2006). 타일러의 '계속성 및 계열성'교수원리에 근거한 움직임교수활동 프로그램의 구성 및 효과검증. 한국스포츠리서치, 17(4), pp.773~788.

김송화(1995). 운동놀이 활동이 유아의 기초 운동기능 발달에 미치는 효과. 효성여자대학교 대학원 석사학위논문.

김순옥(1985). 아동의 좌우개념발달에 관한 연구. 중앙대학교 교육대학원 석사
학위논문.

김영국(2006). 수영중심의 교육프로그램이 유아의 신체적 자아개념 발달에 미
치는 영향. 군산대학교 교육대학원 석사학위논문.

김영남(2000). 동시를 활용한 통합적 동작교육 프로그램이 유아의 신체표현능
력에 미치는 효과. 경남대학교 교육대학원 석사학위논문.

김영주(2005). 유아기 통합교육을 위한 신체활동 프로그램의 실제와 개선. 이
화여자대학교 대학원 박사학위논문.

김영희(1989). 눈-손의 협응 훈련이 손기능상 서투른 아동의 시지각력에 미치
는 효과. 이화여자대학교 대학원 석사학위논문.

김옥미(2006). 통합적 동작활동이 유아의 기본동작능력 및 창의적 신체표현능
력에 미치는 영향. 전북대학교 교육대학원 석사학위논문.

김용미, 김미경(2004). 유아교사와 체육교사의 유아체육교육 실태 및 인식에
관한 비교연구. 한국유아체육학회지, 5, pp.61~72.

김유미(1999). 두뇌체조. 푸른 세상.

김유미(2003). 두뇌를 알고 가르치자. 서울: 학지사.

김은순(2001). 유아 중심의 동작활동 프로그램이 만5세 유아의 창의성에 미치
는 영향. 덕성여자대학교 대학원 석사학위논문.

김은심(1995). 통합적 동작교수방법이 유아의 기본동작능력과 창의적 사고 및
신체표현능력에 미치는 효과. 중앙대학교 대학원 박사학위논문.

김은심(2004). 유아를 위한 동작교육. 서울: 창지사.

김은심(2004). 유아 동작교육을 위한 이론과 실제. 서울: 창지사.

김은심(2004). 4세에서 6세까지 유아를 위한 동작활동의 이론과 실제. 서울: 정
민사.

김은심, 최혜진(2005). 유치원 교사의 대학(교)에서의 동작교육 수강 만족도와
유아 동작 교육에 대한 인식 및 개선방안. 열린유아교육연구, 10(3),
pp.251~271.

김은정(2003). 유아체육활동이 5, 6세 유아의 운동능력과 인지발달에 미치는
영향. 명지대학교 사회교육원 석사학위논문.

김재은(1998). 유아신체표현. 서울: 학문사.

김종언(1993). 움직임교육에 있어서 효과적인 학습지도방안에 관한 연구. 전남
대학교 대학원 석사학위논문.

김현의(2000). 발달에 적합한 체육교육 프로그램이 유아의 지각운동능력에 미

치는 효과. 계명대학교 교육대학원 석사학위논문.

김혜리(1998). 유아교육 기관의 동작교육 프로그램 및 관련 교사연수 현황에 대한 조사. 한국어린이 육영회, 1998 조사연구 보고서.

김혜옥(1985). 유아의 동작활동 효과에 관한 기초연구. 이화여자대학교 교육대학원 석사학위논문.

김홍식(2001). 제6차 교육과정 고등학교 체육교과서에서 놀이 · 게임 · 스포츠의 개념 정의와 '규칙'의 문제. 한국체육학회지, 40(4), pp.77~85.

나하나, 이효영, 이미란(1998). 영유아의 창의성 상상을 위한 신체표현. 서울: 양서원.

남경태(2006). 개념어 사전. 파주: 들녘.

문화체육부(1995). 취학 전 아동의 체격 및 체력 육성을 위한 체육놀이 프로그램 개발. 문화체육부.

문화관광부(2003). 운동으로 자라는 아이. 문화관광부.

민현숙(1998). 운동놀이 활동이 유아의 기초체력에 미치는 영향. 중앙대학교 교육대학원 석사학위논문.

박낭자, 양승희(2000). 주제중심 통합교육과정의 이론과 실제. 서울: 창지사.

박대근(2000). 유아의 기본운동 및 지각-운동 발달에 관한 연구. 중앙대학교 대학원 석사학위논문.

박대근(2003). 유아체육. 특수체육지도자 과정연수 자료. 한국체육진흥회.

박대근(2006). 교사를 위한 유아체육. 장안대학교 유아체육 교재.

박명현(2004). 동화를 활용한 동작교육이 유아의 신체표현력에 미치는 효과 및 과정 분석. 아주대학교 교육대학원 석사학위논문.

박승순(2004). 발레교육이 유아의 창의성 발달 및 신체적 자아개념 형성에 미치는 영향. 한국교원대학교 대학원 박사학위논문.

박정일(2006). 논술과 토론의 개념. 철학과 현실, 가을 70호, pp.134~145.

박찬옥, 김영중, 정남미, 임경애(2001). 유아놀이지도. 서울: 학문사.

박청심(2001). 동작교육이 유아의 창의성에 미치는 영향. 한국외국어대학교 교육대학원 석사학위논문.

박현희(2004). 동작교육활동이 유아의 창의성에 미치는 영향. 중앙대학교 교육대학원 석사학위논문.

박효찬(1999). 유치원 교사가 인식한 유아체육의 문제점과 활성화 방안 연구. 경기대학교 교육대학원 석사학위논문.

배인자, 한규령(1996). 동작교육의 이론과 실제. 서울: 양서원.

배현숙(1991). 유아중심 동작교육이 신체 표현력 발달에 미치는 효과. 계명대학교 교육대학원 석사학위논문.

백행순(2002). 생활 주제중심의 동작교육 프로그램이 유아의 기본동작능력과 신체표현능력에 미치는 영향. 경남대학교 대학원 석사학위논문.

서의정(2000). 신체활동놀이가 유아 체력향상과 사회적 능력 발달에 미치는 영향. 우석대학교 교육대학원 석사학위논문.

서지아(2006). 신체표현활동이 유아의 공간어휘능력에 미치는 영향. 중앙대학교 석사학위논문.

손미자(2002). 창의적 동작활동이 유아의 친사회적 행동에 미치는 영향. 충남대학교 교육대학원 석사학위논문.

송정숙(1983). 정신지체아의 지각운동프로그램 개발에 관한 일 연구. 이화여자대학교 대학원 석사학위논문.

안을섭(2004). 무용교육이 유아의 체력발달에 미치는 영향. 한국스포츠리서치, 15(2), pp.1257~1264.

안을섭(2005). 유아의 체력 평가 기준에 관한 연구. 건국대학교 대학원 박사학위논문.

양현주(1998). 동작교육 방법에 따른 유아의 창의성에 관한 연구. 전남대학교 교육대학원 석사학위논문.

여광응(1994). 시지각 훈련 프로그램의 이론과 실제. 서울: 특수교육.

오광섭(2001). 유치원의 유아체육활동운영 실태와 그 개선방안 연구. 성균관대학교 교육대학원 석사학위논문.

오남혜(2005). 신체표현 활동이 유아의 창의성 발달에 미치는 영향. 배재대학교 대학원 석사학위논문.

오진구, 오학성, 오대성(1984). 유아체육. 서울: 동명사.

원정자(1987). 유치원에서의 동작교육 실태에 관한 연구. 이화여자대학교 교육대학원 석사학위논문.

유덕순(2006). 대근육 활동이 유아의 기초체력에 미치는 영향. 중앙대학교 교육대학원 석사학위논문.

윤애희(1997). 발달적 체육교육프로그램의 유치원 현장 적용 연구. 서울여자대학교 대학원 박사학위논문.

윤은영(2005). 유아 신체활동 프로그램의 개발 및 효과. 덕성여자대학교 대학원 박사학위논문.

윤정숙(1995). 유아지각 운동발달을 위한 학습. 한국유아교육협회, 교사연구회집.

윤정숙, 변영신(1997). 유아기지각 - 운동 학습 프로그램의 효과. 한국스포츠심리학회, 하계 학술발표회 자료집, pp.59~69.

이만수(1991). 교사의 질문유형이 유아의 창의적 신체표현 활동에 미치는 영향. 중앙대학교 대학원 석사학위논문.

이만수(2001). 유치원의 동작교육 현황에 관한 연구. 한국유아체육학회지, 2(1), pp.171~183.

이만수(2006). 생활주제와 통합한 유아 동작교육프로그램 구성 및 효과. 중앙대학교 대학원 박사학위논문.

이미정(1991). 5~7세 아동의 창의적인 움직임교육을 위한 프로그램 개발: Emile에 나타난 J. J. Rousseau의 자연주의 교육사상을 토대로. 이화여자대학교 대학원 석사학위논문.

이순형(2002). 만 4, 5세 체육활동. 보건복지부.

이 영(1997). 유아를 위한 창의적 동작교육. 서울: 교문사.

이영심(1997). 유아 지각운동 프로그램 개발과 효과검증. 중앙대학교 대학원 박사학위논문.

이영심(2002). 유아 기본동작 측정도구 개발을 위한 기초연구. 탐라대학교 교육대학원 석사학위논문.

이원미(2002). 유아교육기관에서의 유아발달평가 현황 및 교사의 인식에 관한 연구. 중앙대학교 교육대학원 석사학위논문.

이원영, 이태영, 정혜원, 이경민(2003). 통합적 접근에 의한 통일교육이 유아의 통일관련 인식에 미치는 효과. 유아교육연구, 23(3), pp.69~89.

이영석, 박재환, 김경중(1987). 유아교육개론. 서울: 형설출판사.

이영자, 이종숙, 신은수(2005). 유아의 정서지능, 마음이론, 실행기능 향상을 위한 그림책 이야기를 활용한 집단게임놀이 효과. 유아교육연구, 25(3), pp.119~147.

이지은(2003). Movement를 통한 유아무용교육. 조선대학교 대학원 석사학위논문.

이진수(1987). 체육스포츠철학. 서울: 교학 연구사.

이찬주(2002). 20세기 춤에 나타난 짐네스틱케(gymnastike)의 영향. 한국체육학회지, 41(5), pp.511~526.

이현균(2003). 운동도구를 활용한 체육 프로그램이 유아의 기본동작능력과 지각운동능력에 미치는 효과. 명지대 사회교육대학원 석사학위논문.

이현자(2001). 유치원 체육 프로그램이 유아의 신체적 자아개념에 미치는 영향. 명지대학교 교육대학원 석사학위논문.

이희태, 엄성호, 조대용(2004). 운동프로그램 참가에 따른 건강체력과 신체적 자아개념의 변화. 한국스포츠심리학회지, 15(2), pp.115~128.

임성혜(2005). 유아를 위한 통합적 대상비교운동 프로그램의 개발 및 효과. 전남대학교 대학원 박사학위논문.

임숙희(2003). 대근육 활동이 유아의 운동기능에 미치는 효과. 전남대학교 교육대학원 석사학위논문.

장용희(2003). 유아의 동작활동이 신체적 자아개념과 친사회적 행동에 미치는 영향. 동국대학교 교육대학원 석사학위논문.

전인옥, 이영(2005). 유아동작교육. 한국방송통신대학교 출판부.

전인옥, 이현균(2001). 유아체육활동의 이론과 실제. 서울: 양서원.

정미영(2005). 동작교육활동이 유아의 사회성 발달에 미치는 효과. 중부대학교 교육대학원 석사학위논문.

정민아(2004). 유아의 체육프로그램 적용이 체격과 체력에 미치는 영향. 국민대학교 교육대학원 석사학위논문.

정봉채(1997). 계획된 체육수업 프로그램이 유치원 유아체력 향상에 미치는 효과. 국민대학교 교육대학원 석사학위논문.

정세호(2002). 통합적 동작활동이 종일제 유아의 기본운동 능력 및 신체표현능력에 미치는 영향. 배재대학교 대학원 석사학위논문.

정수미(2005). 체육교육과정 모형의 철학적 배경. 청주교육대학교 교육대학원 석사학위논문.

정종훈(1998). 체육철학. 부산: 동아대학교 출판부.

정진, 성원경(1994). 유아놀이와 게임활동의 실제. 서울: 학지사.

조순묵(1995). 국민학교 저학년을 위한 발달 단계적 움직임교육 프로그램 모형 개발. 한국스포츠교육학회지, 2(1), pp.1~11.

조용태(2002). 교육철학의 탐구. 서울: 문음사.

조인숙(1990). 플란더즈 언어모형에 의한 교사-아동의 언어적 상호작용 분석. 중앙대학교 교육대학원 석사학위논문.

주정호(2004). 유아체육 프로그램 개발 및 효과검증. 국민대학교 대학원 박사학위논문.

지성애(1994). 유아놀이지도. 서울: 정민사.

체육과학연구원(2001). 1급 생활체육지도자 연수교재: 운동 처방편.

최경순(1997). 창의적 동작교육 프로그램이 유아의 창의력 향상에 미치는 효과에 대한 실험연구. 계명대학교 교육대학원 석사학위논문.

최기영(2001). 집단게임에 나타난 유치원 아동의 경쟁성에 관한 연구. 열린유아교육연구, 6(4), pp.153~172.

최기영, 신선희(2003). 협동적 집단게임을 통한 유아의 사회화 과정에 대한문화기술적 연구. 유아교육연구, 23(2), pp.197~221.

최기영, 노수자(2005). 협동적 집단게임이 유아의 공동작업 행동에 미치는 영
　　향. 유아교육연구, 25(2), pp.143~164.
최의창(2002). 인문적 체육교육. 서울: 무지개사.
최혜라(1991). 지각운동기능 활동이 잠재적 학습부진아의 학습준비도 향상에
　　미치는 효과에 관한 연구. 이화여자대학교 대학원 박사학위논문.
하충곤, 이강헌(2002). 중 · 고등학생의 신체활동 참여유형별 신체적 자기 개
　　념의 차이. 한국스포츠심리학회지, 13(3), pp.21~32.
한국교육개발원(1996). 유아체육놀이 프로그램 개발연구 Ⅰ.
한국교육개발원(1996). 유아체육놀이 프로그램 개발 연구 Ⅱ.
한민옥(2004). 유아체육 교사의 사회인구학적 특성에 따른 체육프로그램과 지
　　도방법의 차이. 용인대학교 교육대학원 석사학위논문.
한전숙(1995). 현상학. 서울: 민음사.
홍덕주(2005). 기구운동이 유아의 신체발달에 미치는 영향에 관한 연구. 청주
　　대학교 대학원 석사학위논문.
홍지연(2005). 동작교육 방법이 유아운동능력과 감성지능에 미치는 영향. 성균
　　관대학교 대학원 석사학위논문.
황선진, 이종남, 이승희, 양윤(2002). (현대) 의상사회심리학. 서울: 수학사.
황순각(2000). 유아 신체활동프로그램 구성 및 효과. 중앙대학교 대학원 박사
　　학위논문.

前橋 明(2007). 日本幼兒體育學會認定 幼兒體育指導員養成テキスト 幼兒體育－理論
　　と實技 初級－. 日本幼兒體育學會. 大學教育出版.

ACSM. (Eds.). (2000). ACSM's guidelines for exercise testing and prescription. ACSM.
Allison, P. C., & Barrett, K. (2000). Constructing children's physical education experiences.
　　Boston: Allyn and Bacon.
Bain, L. (1978). Status of curriculum theory in physical education. Journal of Physical
　　Education, Recreation and Dance, 49, March, pp.25~26.
Bammel, G., & Bammel, L. B. (1982). Leisure and human behavior. Wm. C. Brown
　　company Publishers Dubuque, Iowa.
Barsch, R. H. (1965). A movigenic curriculum. Bureau for Handicapped children, 25,
　　Madison, Wis: State Department of Public Instruction.
Bentley, W. G. (1970). Learning to move and moving to learn. New York: Citation
　　Press.

Boucher, A. (1988). Good beginnings. Journal of Physical Education, Recreation and Dance, 59(7), 42.

Bucek, L. (1992). Constructing a child-centered curriculum. Journal of Physical Education, Recreation and Dance, 63(9), pp.39~42.

Cartwright, S. (1993). Cooperative learning can occur in any kind of program. Young Children, 48(2), pp.12~14.

Clarke, H. H. (1971). Basic understanding of physical fitness. Physical fitness Research Digest. Presidents Council on Physical Fitness and Sport. Washington D. C.

Clifford, E., & Clifford, M. (1967). Self-concepts before and after survival training. British Journal of Social and Clinical Psychology, 6, pp.241~248.

Craft, D. H., & Mccall, R. M. (2000). Moving with a purpose developing programs for preschoolers of all abilities. Champaign, IL: Human Kinetics.

Cratty, B. J. (1967). Developmental sequences of perceptual-motor tasks. Feeport, NY: Educational Activities.

Cratty, B. J. (1979). Perceptual and motor development in infants and children. Englewood Cliffs, NJ: Prentice-Hall.

Cureton, T. K. (1967). Physical Fitness. St, Lonis, C. V. Mosby Co.

Daver, V. P. (1972). Essential movement experience for preschool and primary grade children. Minneapolis: Burguss Publishing Co.

Day, B. (Eds.). (1994). Early childhood education-developmental experiential teaching and learning. NY: Merrill, an imprint of Macmillon College Publishing Company.

Day, B., Leeper, S., & Witherspoon, R. (Eds.). (1984). Good schools for young children. New York: Macmillan Publishing Co.

Dean, C., Rebecca, O., Lars, M. N., & Todd, R. (1997). Fundamental movement patterns in Tasmanian primary school. Perceptual and Motor Skills, 84(1), pp.307~317.

Dee, R. C. (1993). The level of motor skill development of preschool children provided a physical education program and preschool children provided with play environments. A Bell & Howell Company.

DeMaria, C. R. (1974). Dimensions of physical education. Saint Louis: The C. V. Mosby Co.

DeVries, R., & Zan, B. (1994). Moral classrooms, Moral children: Creating a constructivist atmosphere in early education. NY: Teachers College Press.

Essa, E. (1999). A Practical guide to solving preschool behavior problems. NY: Delmar Publishing.

Fallico, A. B. (1954). Existentialism and Education. Educational Theory, vol Ⅵ, no2. pp.166~172.

Fleming, J. W. (1972). The psychomotor domain. Philadelphia: Lea & Febiger.

Foster, J. (1977). The influence of Rudolph Laban. London: Lepus Books.

Fox, K. R. (1990). The physical self−perception profile manual. Dekalb, IL: Office for Health Promotion, Northern Illinois University.

Fox, K. R. (1997). The physical self and process in self−esteem development. In Fox RF(Eds.). The physical self: From motivation to well−being. Human Kinetics.

Fox, K. R. (2002). Self−perceptions and sport behavior. In T. S. Horn(Eds.). Advances in sport psychology. Champaign, IL: Human Kinetics.

Frostig, M., & Maslow, P. (1970). Movement education: Theory and practice. Chicago: Follet Education Co.

Fujita, H. T. (1972). Movement education. Chicago: Ballet Educational Corp.

Gabbard, C. P. (1988). Early childhood physical education the essential elements. Journal of Physical Education, Recreation and Dance, 59(7), pp.65~69.

Gabbard, C. P. (2000). Lifelong motor development. Boston: Allyne & Bacon.

Gabbard, C., LeBlance, E., & Lowy, S. (1987). Physical education for children: Building the foundation. Englewood Cliffs, NJ: Prentice−Hall Inc.

Gabbei, R., & Clemmens, H. (2005). Creative movement from children's storybooks: Going beyond pantomime. Journal of physical Education and Recreation Dance, 76(9), pp.32~38.

Gallahue, D. L. (1993). Motor development and movement skill acquisition in early childhood education. In B. Spodek(Eds.). Handbook of research on the education of young children. NY: Macmillan.

Gallahue, D. L. (Eds.). (1995). Transforming physical education for today's children. Brown and Benchmark Publishers.

Gallahue, D. L. (Eds.). (1996). Acquire strategies for planing and implementing creative activities to meet local, state, and Brown and Benchmark. Brown and Benchmark Publishers.

Gallahue, D. L., & Ozmun, J. C. (1998). Understanding motor development: infants, children, adolescents, adults. Boston: McGraw−Hill Companies, Inc.

Gallahue, D. L., & Donnelly, F. C. (Eds.). (2003). Developmental physical education for all children. Champaign, IL: Human Kinetics.

Gerhardt, L. A. (1973). Moving and knowing: The young child orients himself in space.

Englewood Cliffs: Prentice – Hall.

Getman, G. (1968). Developing learning readiness manchester. Mo: Webster Division. McGraw – Hill.

Gill, D. L., Gross, J. B., & Huddleston, S. (1983). Participation motivation in youth sport. International Journal of Sport Psychology, 14, pp.1~14.

Glakas, B. A. (1991). Teaching cooperative skills through games. Journal of Physical Education Recreation and Dance, 62(5), pp.28~30.

Gould, D., Feltz. D., & Weiss, M. (1985). Motives for participating in competitive youth swimming. International Journal of Sport Psychology, 16, pp.126~140.

Graham, G. (Eds.). (1987). Motor skill acquisition – an essential goal of physical education program. Children moving. USA: Mayfield Publishing Company.

Graham, G., Holt – hale, S., & Parker, M. M. (Eds.). (1993). Children moving. USA: Mayfield Publishing Co.

Halsey, E., & Porter, L. (Eds.). (1963). Physical education for children. NY: Holt, Rinehart and Winston Inc.

Hammett, C. T. (1992). Movement activities for early childhood. Illinois: Human Kinetics.

Harold, D. O. (1978). The organization of behavior. New York: McGraw – Hill Book Company.

Haubenstricker, J., Branta, C., & Seefeldt, V. (1983). Preliminary validations of a developmental sequence for the long jump. Paper presented at the Annual Convention of the American Alliance for Health, Physical Education, Recreation, and Dance. Minneapolis, MN.

Haywood, K. M., & Getchell, N. (Eds.). (2002). Lifespan motor development. Champagne, IL: Human Kinetics.

Hoffman, G., Young, J., & Klesius, S. (1981). Meaningful movement for children. London: Allyn & Bacon, Inc.

Hurlock, E. B. (1972). Child growth and development. New York: McGraw – Hill.

Jones, C. (1989). Physical play and the early years curriculum. The British Journal of Physical Education, Winter, pp.167~169.

Kamii, C., & DeVries, R. (1980). Group game in early education implications of Piaget's theory. Washington D.C: The National Association for the Education of Young Children.

Kelly, L. E., Dagger, J., & Walkley, J. (1989). The effects of an assessment based physical education program on motor skill development in preschool children.

Education and Treatment of Children, 12(2), pp.152~164.

Kephart, N. C. (1960). Success through play. New York: Harper & Row Publishers.

Kephart, N. C. (1964). Perceptual－motor aspects of learning disabilities. Exceptional children, 31, pp.201~201.

Kephart, N. C. (1971). The slow learner in the classroom. Charles E. Merrill Publishing Company.

Kirchner., Cunningham., & Warrell. (1974). 움직임교육 입문(최예종 역). 서울: 태근 문화사.

Kirchner, G., & Graham, J. (Eds.). (1995). Physical education for elementary school children. Brown & Benchmark.

Kostenlnik, M. J., Soderman, A., & Whiren, A. P. (1993). Developmentally appropriate program in early childhood education: The physical domain(pp.167~181). NY: MaCmillan Publishing.

Krough, S. (1990). The integrated early childhood curriculum. NY: McGraw－Hill Publishing Co.

Laban, R. (Eds.). (1963). Modern educational dance. London: MacDonald & Evans.

Landgrebe, L. (1977). Lebenswelt und Geschichtlichkeit des menschlichen Daseins In Ph Nomenologie und Marxismus 2. Praktische Philosophie. Hrsg. V. B. Waldenfels usw.

Likesas, G., & Zachopoulou, E. (2006). Music and movement education as a form of motivation in teaching Greek traditional dances. Perceptual and Motor Skills, 102(2), 552.

Locke, E. A., & Latham, G. P. (1985). The application of goal setting to sports. Journal of Sport Psychology, 7, pp.205~222.

Logsdon, B. (1997). Physical education unit plans for preschool－kindergarten. Champaign, IL: Human Kinetics.

Marsh, H. W. (1997). The measurement of physical self－concept: A construct validation approach. In R. F. Fox. (Eds.). The physical self: From motivation to well－being. Champaign, IL: Human Kinetics.

Marsh, H. W., & Peart, N. (1988). Competitive and cooperative physical fitness training programs for girls: effects on physical fitness and on multidimensional self－concept. Journal of Sport & Exercise Psychology, 10, pp.69~74.

Martin, J. E., & Dubbert, P. M. (1987). Exercise applications and promotion in behavior medicine: Current status and future directions. Journal of Consulting and Clinical Psychology, 50, pp.1004~1017.

Matronia, C. A. (1982). Relationship of direct instruction and practice to development of motor skills. ERIC Document Retrieval Service, ED 239774.

Mauldon, E., & Layson, J. (Eds.). (1979). Teaching gymnastics. London: Macdonald and Evans.

Mayesky, M. (1995). Creative activities for young children. Albany, NY: Delmar Publishers Inc.

McGill, J. (1984). Play's for play's sake: Cooperative games as a strategy for intergration. ERIC. Document Reproduction Service No. ED 276175.

Morris, Van Cleve. (1954). Existentialism and Education. Educational Theory, vol Ⅳ, no4. pp.247~258.

Munro, J. G. (1985). Movement education: A program for young children. Mdea Press.

Mussen, P. H., Conger, J. J., Kagan, J., & Huston, A. E. (1984). Child development and personality. NY: Happer & Row.

Orlick, T. D. (1981). Positive socialization via cooperative games. Development Psychology, 17(4), pp.426~429.

Ozmon, H. A., & Craver, S. M. (1995). Philosophical Foundations of Education. New Jersey: Prentice – Hall. Inc.

Pangrazi, R. P. (Eds.). (2001). Dynamic physical education for elementary school children. A Pearson Education Company.

Payne, V. G., & Isaacs, L. D. (Eds.). (1999). Human motor development: A lifespan approach. Mayfield Publish Company.

Pellegrini, A. D., & Smith, P. K. (1998). The nature and function of a neglected aspect of play. Child Development, 69(3), pp.577~598.

Pica, R., & Gardzina, R. (1991). Early elementary children moving and learning. Illinois: Human Kinetics.

Purcell, T. M. (1994). Teaching children dance: Becoming a master teacher. Champaign: Human Kinetics.

Ritson, R. J. (1986). Creative dance: A Systematic Approach to teaching children. Journal of Physical Education, Recreation and Dance, 57(3), pp.67~72.

Sanders, S. W. (1992). Designing preschool movement program. Champagne, IL: Human Kinetic.

Scanlan, T. K., & Simons, J. P. (1992). The construct of sport enjoyment. In G. C. Robert(Ed.). Motivation in sport and exercise(p.199 – 215). Champaign, IL:

Human Kinetics.

Seefeldt, V. (1982). The concept of readiness applied to motor skill acquisition. In R. A. Magill., M. J. Ash., & F. L. Smoll. (Eds.). Children in Sport. Champaign, IL: Human Kinetics.

Seefeldt, V. (1987). The early childhood curriculum. NY: Teachers College Press.

Siedentop, D. (Eds.). (1986). Developing teaching skill in physical education. Palo Alto, CA: Mayfield.

Slater, W. (1993). Dance and movement in the primary school: A cross—curricular approach to lesson planning. UK: Northcote House.

Sonstroem, R. J., & Morgan, W. P. (1984). Exercise and self—esteem: Rationale and model. Medicine and Science in Sports and Exercise, 21(3), pp.329~337.

Spodek, B. (Eds.). (1985). Teaching in the early years. Englewood Cliffs, NJ: Prentice —Hall.

Steven G. Eates., & Robert A. Mechikoff. (1999). Knowing Human Movement. Allyn and Bacon.

Stinson, S. (1988). Creative dance curriculum. Journal of Physical Education, Recreation and Dance, 59(7), pp.52~56.

Tanner, P., & Barret, K. (Eds.). (1975). Movement experiences for children. NJ: Prentice—Hall Inc.

Thomas, K. T., Lee, A. M., & Thomas, J. R. (1988). Physical education for children: concepts into practice. Champaign, IL: Human Kinetics.

Tonya, T., & Elizabeth, A. A. (1982). Movement education: Its effect on motor skill performance. Research Quarterly for Exercise and Sport, 53(2), pp.156~162.

Tyler, R. W. (1949). Basic principles of curriculm and instruction. Chicago: The University of Chicago Press.

Ulrich, D. A. (1985). Test of gross motor development. Austin, TX: Pro—Ed.

Ulrich, D. A. (1987). Perceptions of physical competence, motor competence, and participation in organized sport: their interrelationships in young children. Research Quarterly for Exercise and Sport, 58(1), pp.57~67.

Ulrich, D. A. (Eds.). (2002). The test of gross motor development. Austin, TX: Pro—Ed.

Wankel, L. M. (1993). The importance of enjoyment to adherence and psychological benefits from physical activity. International Journal of Sport Psychology, 24, pp.161~169.

Werner, P. H. (1994). Teaching children gymnastics: Becoming a master teacher.

Human Kinetics Publisher, Inc.

Werner, P. H. (1994). Whole physical education. Journal of Physical Education, Recreation and Dance, 8, pp.40~44.

Williams, J. F. (1983). The physical and motor development. Prentice－Hall, Inc.

김성재

서울대학교 대학원 체육교육과 졸업(교육학 석사)
중앙대학교 대학원 유아교육과 졸업(문학 박사)
서울대학교, 경인여자대학교 외 다수 현장 유아체육 및 동작교육 강사
아기별 어린이집 보육교사 및 어람어린이집 시설장
아주대학교, 경성대학교, 동국대학교, 건국대학교 외 강사
한국교육방송공사 EBS 유아프로 자문위원
사단법인 한국뉴스포츠협회 이사
현) 강원유아교육학회 (부)총무이사
　　순천제일대학 유아교육과 전임강사

「유아체육에 관한 인식차이 분석」(2007)
「유아기 신체 건강과 관련한 일상생활습관 실태 연구」(2009)
「예비유아교사의 건강지각 및 건강증진 생활양식에 관한 연구」(2009)
「구성주의 교사교육 관점의 유아체육교수학습을 통한 예비유아교사의 교사효능감의
　　변화 탐색」(2009)
「어머니의 취업 유무에 따른 유아의 신체건강과 관련한 기본생활습관의 차이 분석」(2009)
「기초영역과 발달적 게임중심의 응용영역을 통합한 동작교육활동이 유아의 신체적 자아
　　개념에 미치는 영향」(2009)
「거주지역에 따른 유아의 신체건강과 관련한 기본생활습관의 차이 분석」(2010)
「유아 영어교육에 관한 Native Speaker들의 경험과 인식」(2009)
「유치원교사의 건강지각과 건강증진 생활양식에 관한 연구」(2006)
「유아체육지도자의 역할지각, 직무스트레스 및 조직유효성과의 관계」(2006)
「타일러의 계속성 및 계열성 교수원리에 근거한 움직임교수활동 프로그램의 구성 및 효과
　　검증」(2006)
「유아 신체활동의 가치 정당화에 관한 일 소고」(2006)
「전통신체문화의 유아 적용가능성에 관한 연구」(2003)
「유아체육, 유아동작교육, 유아움직임교육의 상호 의미소통가능성에 관한 연구」(2003)
「발달적 게임과 교육체조를 통합한 유아동작교육활동의 적용효과」(2007)

『유아체육 이론과 실기』(2008)
『幼兒體育 理論と實踐(中級)』(2008)

［개정판］

유아 동작교육의 이해

초 판 발행 | 2008년 3월 20일
개정판 발행 | 2010년 12월 6일

지 은 이 | 김성재
펴 낸 이 | 채종준
펴 낸 곳 | 한국학술정보㈜
주 소 | 경기도 파주시 교하읍 문발리 파주출판문화정보산업단지 513-5
전 화 | 031) 908-3181(대표)
팩 스 | 031) 908-3189
홈 페 이 지 | http://ebook.kstudy.com
E-mail | 출판사업부 publish@kstudy.com
등 록 | 제일산-115호(2000. 6. 19)

ISBN   978-89-268-1763-6 93370 (Paper Book)
         978-89-268-1764-3 98370 (e-Book)